シリーズ「遺跡を学ぶ」162

朱に魅せられた弥生人
若杉山辰砂採掘遺跡

西本和哉

新泉社

朱に魅せられた弥生人

—若杉山辰砂採掘遺跡—

西本和哉

【目次】

装　幀　新谷雅宣
本文図版　松澤利絵

第1章　弥生人が求めた朱

1　辰砂採掘遺跡とは

若杉山《わかすぎやま》辰砂《しんしゃ》採掘《さいくつ》遺跡は、徳島県阿南市に位置する弥生時代の遺跡である。鉱物の辰砂から赤色顔料の朱を生産していたという稀有な性格の遺跡として注目されている。

日本考古学では、原材料を採取して、手を加えることで製品をつくり出していた遺跡のことを生産遺跡とよんでいる。全国には約三万九〇〇〇件の弥生時代の遺跡が知られているが、生産遺跡の数はその一パーセントに満たない。なかでも辰砂を採掘した痕跡をとどめる遺跡は若杉山辰砂採掘遺跡が唯一なのである。

二〇一七年から実施された発掘調査では、弥生時代の人びとが辰砂の産状を熟知して効率的な採掘を営んでいたことや、採掘が地域社会をあげて組織的におこなわれていたことなどがつぎつぎと明らかになった。これは、どこか謎に包まれていた辰砂採掘遺跡が、じつは当時の技術水準や社会構造の一端を知ることができる学術上価値の高い遺跡であることを示すものであった。

本書では、若杉山辰砂採掘遺跡の発掘調査の成果をもとに、弥生時代の朱の生産方法をみなさんと追究していこう。さらに、当時の朱の用途にも注目してみたい。そこには独自に育んだ精神文化を共有・維持するために力をそそいでいた弥生人の姿がみえてくるだろう。

2　弥生の赤

赤色は「朱、丹、緋、紅、茜」と、さまざまに表記される。わたしたちは色のもとになっている素材、着色対象物、微妙な色調のちがいによって、これらの言葉を巧みに使い分けている。弥生時代にもこうした言葉による使い分けがされていたという根拠はないが、自然界にある植物や鉱物からさまざまな赤色を得て、それらを使い分けていたことがわかっている。

たとえば、キク科の植物であるベニバナの花が糸や布の赤い染色に使われることはよく知られているが、奈良県桜井市の纒向《まきむく》遺跡でみつかった弥生時代終末期（三世紀前半）の溝跡や、福岡県福岡市の比恵《ひえ》・那珂《なか》遺跡群の谷地形に堆積した弥生時代終末期ごろの地層からベニバナの花粉がみつかっている。現在のところベニバナの使用が想定される列島最古級の資料であり、このころ大陸から栽培や染織の技術が伝わった可能性がある。紅色に染まった衣服をまとう人物を想像させる貴重な発見である。

なお、ベニバナのように水などの溶媒に溶ける物質を「染料」とよぶのに対し、不溶の物質を「顔料」とよび分けることができる。

そして、弥生時代の赤色顔料には「ベンガラ」と「朱」の二種類がある。ベンガラは天然に産出する赤鉄鉱《せきてっこう》のほか、褐鉄鉱《かってっこう》や沼地・湿地に産する含水酸《がんすいさん》化《か》鉄《てつ》を焼いたものを粉砕して生産されたと考えられている（**図1**）。水稲農耕を営むため沖積地に進出した弥生人にとって、酸化鉄を主成分とするベンガラは原料を入手しやすい顔料であったと思われる。

一方、朱は硫化水銀を主成分とする鉱物の辰砂を粉砕することで生産された。列島に産出する辰砂はおもに熱水鉱脈として形成されている。熱水鉱脈とは、マグマの活動によって地下深部で熱せられた水が岩石の鉱物や元素を溶かしながら上昇し、温度の低下とともに岩石中の割れ目などに結晶化して形成されたものである（**図2**）。著名な

図1 ● ベンガラの素材となった赤色鉱物
鳥取県東伯町にある笠見第3遺跡の弥生時代中期から古墳時代の遺構で出土した赤色鉱物。赤鉄鉱とみられる。手前の薄くなった鉱物の表裏には研磨痕がみられ、台石にこすりつけて顔料をつくり出したと考えられる。

佐渡金銀山遺跡や石見銀山遺跡も熱水鉱脈を採掘対象としていたことはよく知られている。

こうした鉱脈の採掘地が「鉱山」とよばれるように多くは山中にある。岩盤の露頭が多く、鉱脈の探索に適する山中は、昔も今も地下資源を獲得する舞台となってきたわけだ。ただし、金属鉱脈の分布は限られるため、みつけだすのは容易ではない。まして生活の場から離れた山中となればなおさらである。こうした原料入手の難易度から、朱はベンガラにくらべて希少な赤色顔料と考えられてきた。

弥生時代の墓に使用されている赤色顔料の素材分析をおこなった本田光子氏によると、北部九州に分布する弥生時代中期後半の箱式石棺墓には棺内全体に多量のベンガラを塗り、頭胸部だけに少量の朱をほどこす事例がみられるという。弥生時代には二種類の赤色顔料が使い分けられていたようである。

図２●若杉谷で採集された辰砂原石
白い部分は母岩の石灰岩。熱水鉱脈に沿って割れた状態で、あざやかな辰砂が付着していることがわかる。

3 赤色に込められた思い

では、弥生人は赤色にどのような思いを抱き、何を期待して使用したのであろうか。こうした精神面を考古学から明らかにするのはむずかしいが、赤色顔料が使われた遺構や遺物の共通性から推測できる場合がある。

たとえば、弥生時代中期に福岡県西部から佐賀県東部にかけ分布する丹《に》塗《ぬり》磨《ま》研《けん》土器（**図3**）や、弥生時代後期に濃尾平野を中心として分布するパレススタイル土器（**図4**）は、ベンガラで彩色された土器である。また弥生時代後期後半に築かれた島根県出雲市の西谷三号墓では墓上から三三〇点を超える土器が出土し、その多くに朱が塗られている（**図5**）。こうした赤彩土器は墓域や水辺で出土することが多く、葬送儀礼や水にかかわる祭祀で使用されたと考えられている。

また西日本では、墳墓の埋葬施設や遺骸に赤色

図3 ● 栗田遺跡（福岡県筑前町）**出土の丹塗磨研土器**
日常で使用する土器と異なり、表面をヘラ状の工具でていねいに磨いてベンガラを塗っている。甕棺墓群にともなう祭祀遺構から出土した。

顔料をほどこす行為がみられる。こうした葬送習俗がどのようにはじまったのか、まだ十分に明らかにされていないが、福岡県糸島市の新町《しんまち》支石墓《しせきぼ》群ではすでに弥生時代早期の墓で朱が検出されている。北部九州では、前期後葉に成人埋葬用の甕《かめ》棺《かん》がつくられはじめると、朱の使用も一気に流行し、被葬者の周囲を彩ったり、被葬者にふりかける儀礼をとりおこなったことがわかっている。朱の研究者である市毛勲氏はこうした儀礼を「施朱の風習」とよび、死後の世界での安寧や鎮魂を期待したと推測する。

なかには多量の朱が棺に敷きつめられた墓もみられる（**図6**）。弥生時代後期後半に築かれた岡山県倉敷市の楯築墳丘墓《たてつきふんきゅうぼ》は、直径四〇メートルほどの円丘部の北東と南西にそれぞれ方形の突出部を設ける特異な形状で、同時代の墳丘墓としては最大級である。墳丘の各所に巨石、壺形土器、特殊器台、特殊壺が配置され、吉備地域を治めた大

図4 ● 朝日遺跡（愛知県清須市）**出土のパレススタイル土器**
ギリシャ・クレタ島のクノッソス宮殿跡出土の宮廷式土器に似ることからこうよばれている。

図5 ● 西谷3号墓（島根県出雲市）**出土の山陰系土器**
外面だけでなく内面にも朱が塗られている。このように器台・壺・坏をセットにして配置したと推測されている。

首長の墓に相応しい内容をもつ。こうした有力者のもとには入手がむずかしい朱も蓄積されていたようだ。

以上のような赤色顔料の使用内容から、赤色は祭祀や葬送といった非日常的な場面を彩る色であったと想像できる。そして、希少品であった朱を多く保有・使用することが権威を示すことにもつながっていた可能性がある。当時の信仰や思想は人びとを辰砂採掘にかきたてたようだ。

図6●楯築墳丘墓（岡山県倉敷市）**の中心主体**
木棺内部にはおよそ32kgの朱が敷きつめられていた。朱の厚さは1〜8cmあり、被葬者の頭部付近とみられる東側（写真上方）がもっとも厚い。日本の土壌は酸性が強いため遺骸などの有機質は残りにくいが、鉱物の辰砂からつくり出される朱は、時をへても色あせることがない。

4　「魏志倭人伝」に記された赤

弥生時代に朱やその原料となる辰砂がどのように扱われていたのかを理解するうえで、中国の正史である『三国志』巻三十烏丸鮮卑東夷伝倭人条の記述は欠かせない（**図7**）。通称「魏志倭人伝」とよばれるこの歴史書には、朝鮮半島におかれた帯方郡と倭国にある国々の位置にかんすること、倭国の習俗や産物にかんすること、倭国の内政から魏との外交にかんすることのおよそ三つの内容が二千字ほどで記されいる。そのなかに赤色顔料にかかわる記述が、つぎのように四カ所みられる。

①倭の地は温暖、冬夏生菜を食す。皆徒跣。屋室あり、父母兄弟、臥息処を異にす。朱丹を以てその身体に塗る、中国の粉を用うるが如きなり。

②真珠・青玉を出だす。その山には丹あり。

③また特に汝に紺地句文錦三匹、細班華罽五張、白絹五十匹、金八両、五尺刀二口、銅鏡百枚、真珠・鉛丹各々五十斤を賜い、皆装封して難升米・牛利に付す。

④その四年、倭王、また使大夫伊聲耆・掖邪拘等八人を遣わし、生口、倭錦、絳青縑、緜衣、帛布、丹、木弣、短弓矢を上献す。

①は、倭国の習俗を記録した部分にあたる。倭人は身体に朱や丹を塗

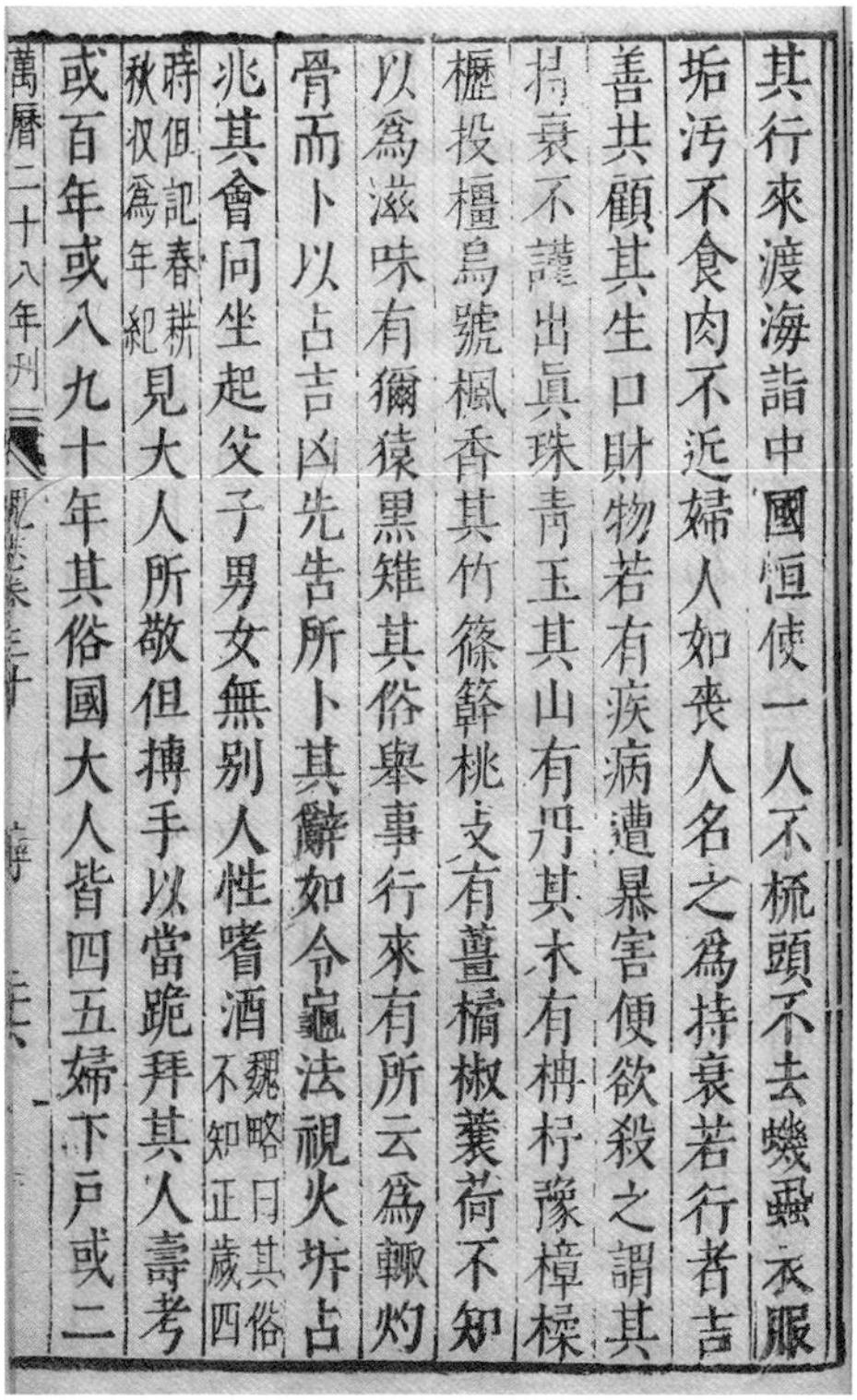
其行來渡海詣中國恒使一人不梳頭不去蟣蝨衣服
垢汚不食肉不近婦人如喪人名之爲持衰若行者吉
善共顧其生口財物若有疾病遭暴害便欲殺之謂其
持衰不謹出眞珠青玉其山有丹其木有柟杼豫樟楺
櫪投橿烏號楓香其竹篠簳桃支有薑橘椒蘘荷不知
以爲滋味有獮猿黒雉其俗舉事行來有所云爲輒灼
骨而卜以占吉凶先告所卜其辭如令龜法視火坼占
兆其會同坐起父子男女無別人性嗜酒魏略曰其俗不知正歳四
時但記春耕秋收爲年紀見大人所敬但搏手以當跪拜其人壽考
或百年或八九十年其俗國大人皆四五婦下戸或二
萬曆二十八年刊

図７●『三国志』巻三十烏丸鮮卑東夷伝倭人条
４行目中ほどに「其山有丹」とある。

っており、その様子が中国で白粉《おしろい》を用いるのと似ていると記してある。倭国を訪れた使者には、倭人が顔や体に赤色顔料を塗る様子が印象に残ったようだ。

③と④は倭と魏の外交にかんすることである。二三八年（景初二）、卑弥呼は献上品を携えた使者を魏に使わす。皇帝曹叡《そうえい》（明帝）はこの遣使を大いに喜び、卑弥呼に親魏倭王の詔書を下し、多くの下賜品を与えるとともに、別途、卑弥呼に特別な品々を授ける。その品目が③の記述である。錦の織物、毛織物を意味する罽《けい》、カイコの繭からつくられる絹など豪華な品々がならび、なかには有名な銅鏡百枚も含まれている。

ここで注目するのは「真珠、鉛丹各五十斤」である。この記述によって、真珠と鉛丹がそれぞれ五十斤授けられたことがわかる。真珠は一般的に貝から採れる宝石のパールをさすが、鉛を酸化させてつくった赤色顔料の鉛丹（粉末）と併記されることや、重さを斤であらわすことが不自然であるため、中国産の辰砂をさす「真朱」の誤記とする見解も示されている。

漢代の一斤は約二二六グラムとされているので、五〇斤は一一・三キログラムに相当する。もし辰砂だとすれば、水銀化合物の辰砂の比重は重いため、体積に換算すると一・四リットルほどになる。

こうした中国産の朱や辰砂が列島にもたらされていたと想定させる魏志倭人伝の記述は、考古学の成果と矛盾するものではない。北部九州では、これまでに比恵・那珂遺跡群や同じく福岡県福岡市の南八幡《みなみはちまん》遺跡、元岡・桑原遺跡、また糸島市の三雲《みくも》・井原《いはら》遺跡、久留米市の水分《みずわけ》遺跡で、列島にみられない粒状の辰砂が出土している。このうち比恵・那珂遺跡群から出土したものは、弥生時代中期後半の竪穴建物の床面に掘られた小穴の最深部から拳大の塊でみつかっており、布製の巾着のようなものに入れて大切に保管されていた可能性がある（図8）。

さて、卑弥呼は、二四三年（正始四）に再び魏に遣使を送っている。④の記述はその際に献上された品々である。奴隷を意味する生口《せいこう》のほか、錦をはじめとする各種織物や衣服、弓矢といった当時の倭国で整えることができた一級品とともに記される「丹」は、辰砂からつくり出した朱をさすとみられる。つまり、卑弥呼は魏皇帝から下賜された中国産の鉛丹や辰砂の返礼に、倭国産の朱を選んだ可能性がある。

③と④の記述は、赤色顔料やその原料となる辰砂が対外的な外交の場における贈答品として扱われていたことを伝えている。

最後に②は、倭国の産物、植物、生息物などを列記した部分にある一文で、倭の山地に丹がある

図8●比恵・那珂遺跡群（福岡県福岡市）**出土の辰砂**
大粒のもので長さ10㎜ほど。全体に赤黒い色調をしている。

ことを伝える。ここにある「丹」も辰砂ないし朱をさすことはまちがいないだろう。原文は「其山有丹」というわずか四文字であるが、この記述が若杉山辰砂採掘遺跡の風景と重なる。

とは言うものの、其山が若杉山をさすと決めつけることはできない。倭人伝の内容が西日本の弥生社会を記録したものであることは一般的な理解であるが、西日本にかぎっても辰砂が産出する鉱床は阿波水銀鉱床のほかに、九州西部水銀鉱床、九州南部水銀鉱床、大和水銀鉱床と複数地点に存在する（図9）。其山がどの鉱床をさしているのか、はたまた複数の鉱床の総称として使用されているのか、これを実証することは容易なことではない。

重要なのは、これから紹介する若杉山辰砂採掘遺跡が、発掘調査によって弥生時代に辰砂を採掘していたことが明らかとなった全国唯一の遺跡として、当時の朱の生産方法を明らかにするうえではかりしれない歴史的価値を備えていることである。

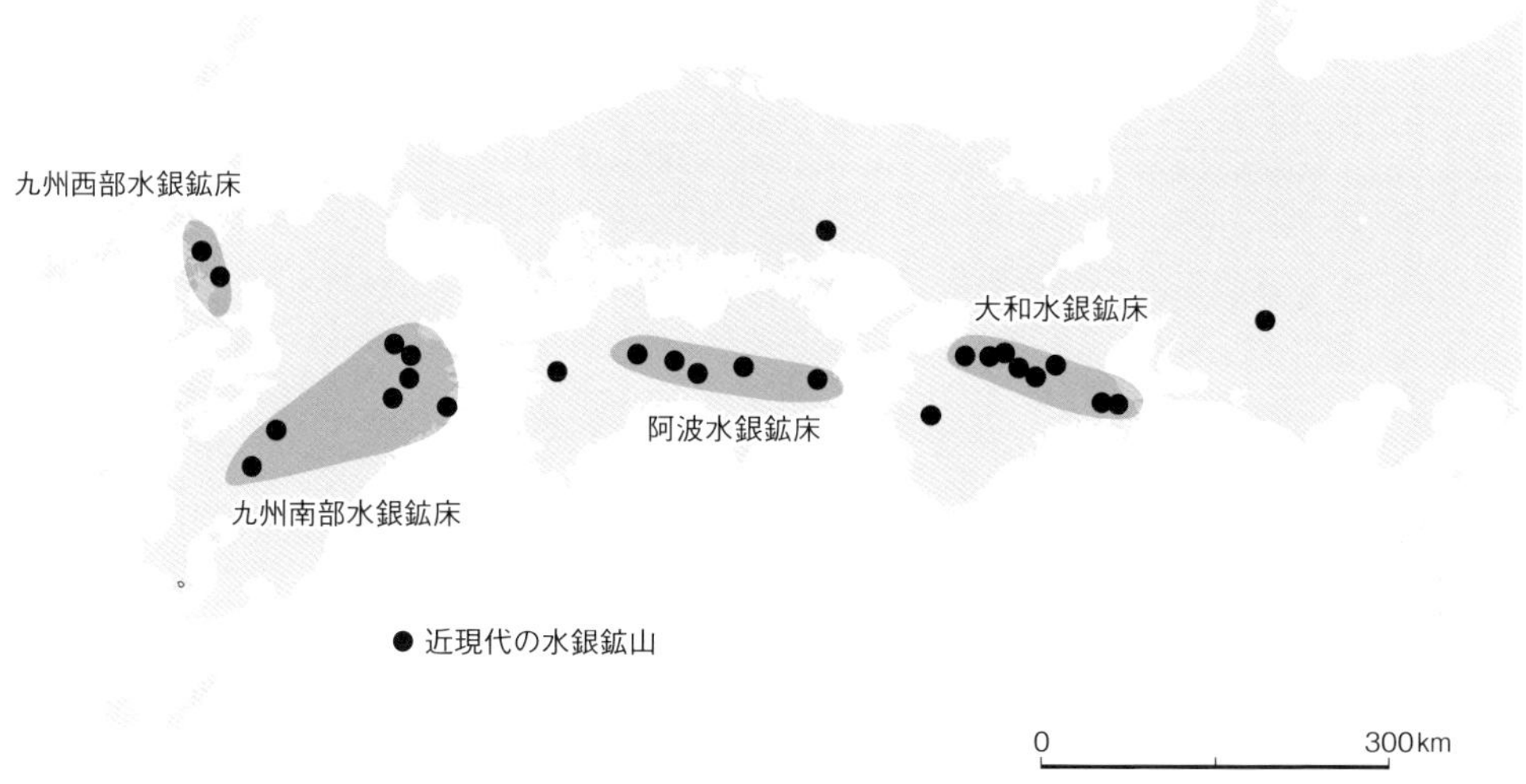

図9 ● 西日本に分布する水銀鉱床と近現代の鉱山

第２章　辰砂採掘遺跡の探究

1　採掘場への道のり

若杉山辰砂採掘遺跡がある阿南市は徳島県の東南部に位置する（図10）。市の東部は紀伊水道と太平洋に面しており、リアス海岸の橘湾《たちばなわん》は「阿波の松島」と称される景勝地である。対して、西部は四国山地の東端に連なり、市域の約六割を山地が占めている。

市北部を流れる那賀川《なかがわ》は、四国山地の最高峰、剣山《つるぎさん》山系のジロウギュウに源を発し、中流域より阿南市に流れ込む一級河川である。市街地のある沿岸部から遺跡をめざすときは、東流する那賀川に沿うように川をさかのぼるのがよい。

下流域では那賀川が形成した沖積地に広がる水田地帯を目にするだろう。ここは日本有数の早場米《はやばまい》の産地で、四月には田植えがはじまり、お盆ごろに稲刈りをすませる。台風の影響を受けやすいこの土地で先人が築き上げてきた生業のかたちである。

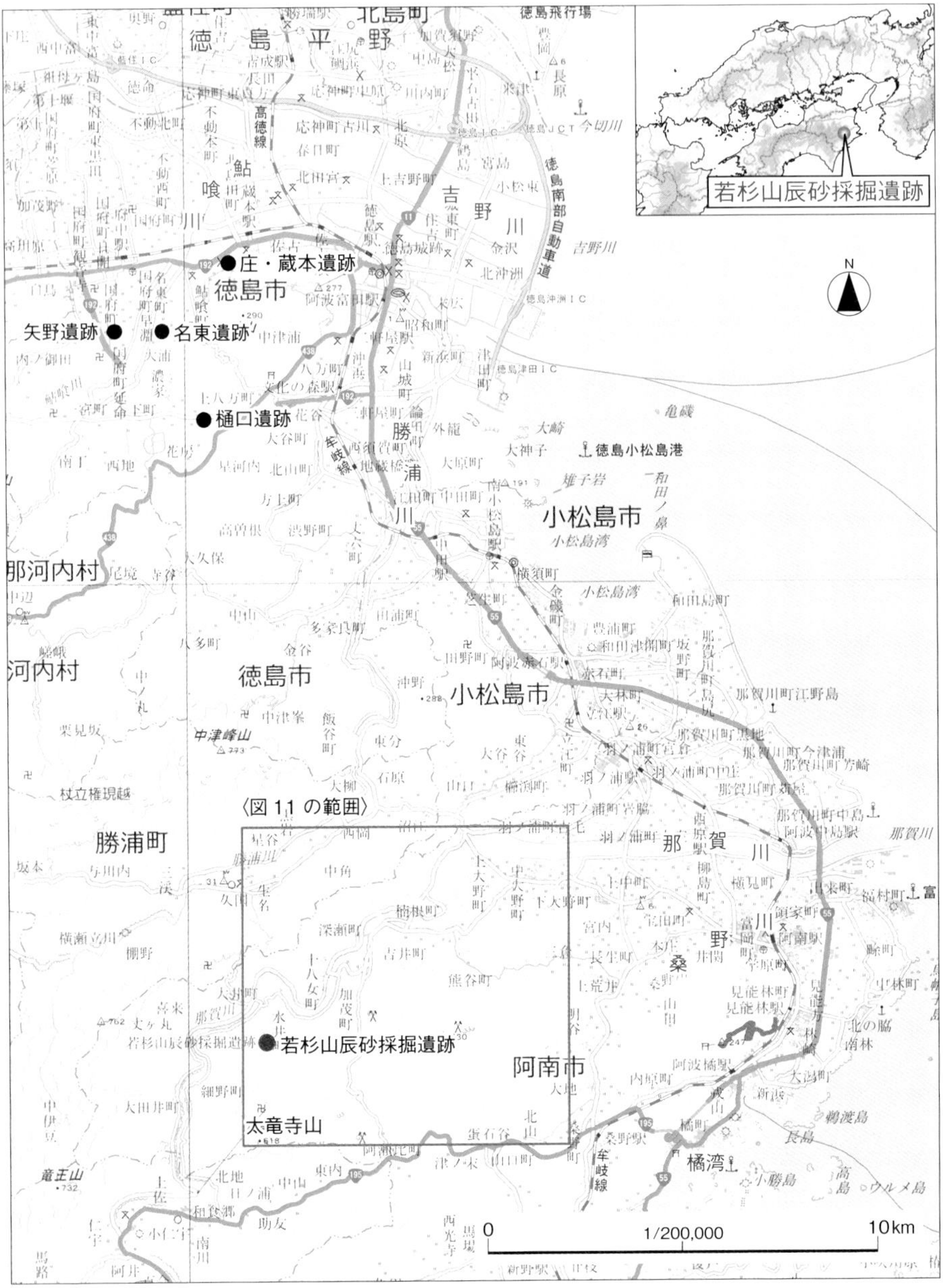

図 10 • 本書で扱う遺跡の位置

徳島県の東南部に位置する阿南市は紀伊水道と太平洋に面している。また、市の西部は四国山地に連なる山々が広がっている。

河口からおよそ一一キロの上大野町持井まで来ると、両岸に山がせまり、急に那賀川が蛇行しはじめて風景が一変する（図11）。ここは四国山地への玄関口である。付近では、直径わずか二キロの範囲で小山田銅鐸、畑田銅鐸、八貫渡しの銅鐸の三件の銅鐸が出土している。小山田銅鐸が出土した丘陵上には弥生時代中期後半の竪穴建物が確認された上大野遺跡をはじめ、遺物散布地が点在している。

さらに那賀川の流れに

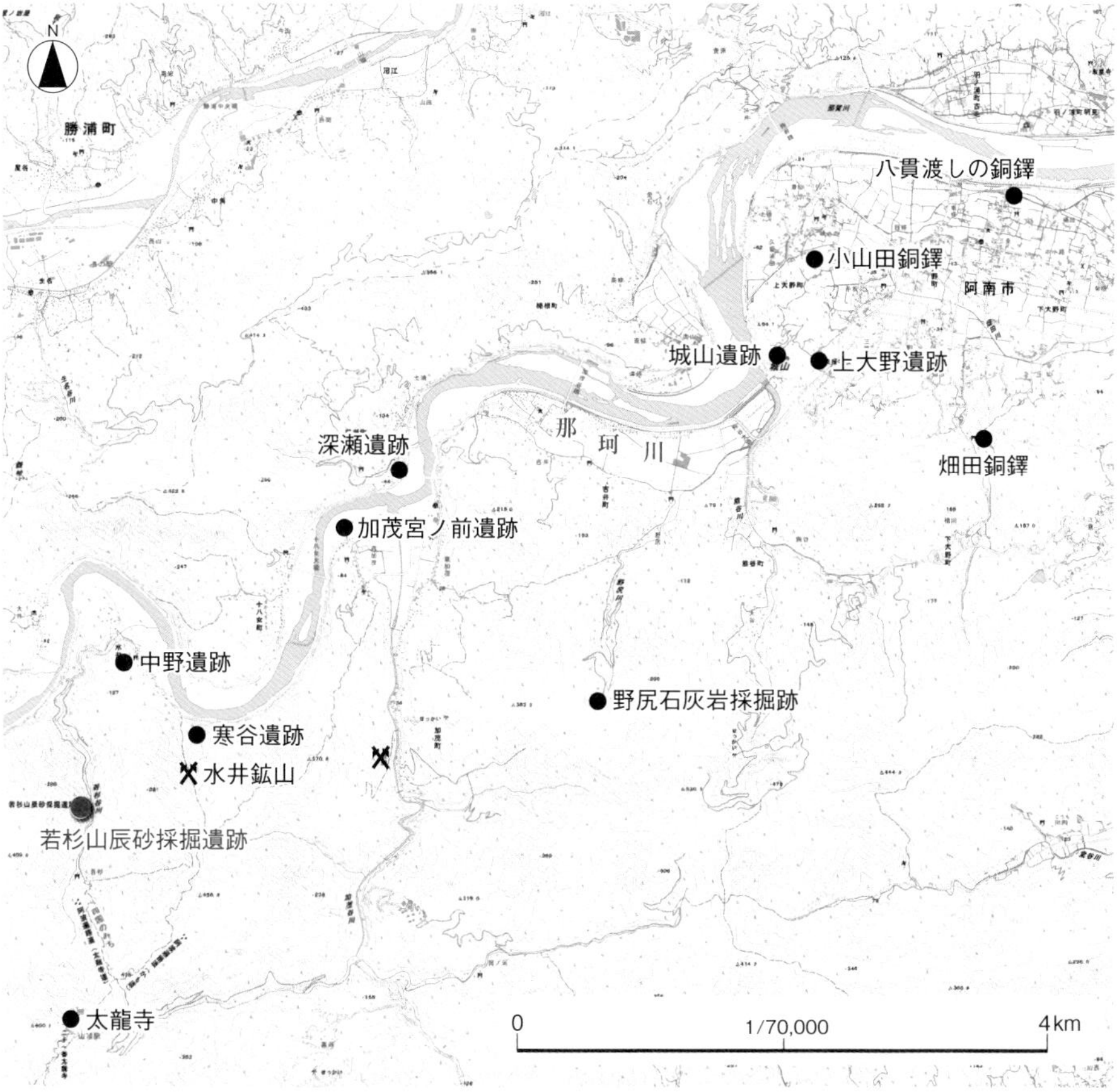

図11 ● 若杉山辰砂採掘遺跡の位置
若杉山辰砂採掘遺跡は那賀川の中流域にある。これより下流には
弥生時代の遺跡や銅鐸出土地が複数点在している。

沿って九キロ進むと遺跡のある水《すい》井町《いちょう》に到着する。遺跡一帯を北側上空から撮影した写真をご覧いただきたい（図12）。手前には山間を蛇行する那賀川が流れている。右奥にみえるのが標高六一八メートルの太竜寺山《たいりゅうじやま》。右側の谷が若杉山辰砂採掘遺跡のある若杉谷、左側には中野集落、その奥にみえる谷が寒谷である。後述するように、この寒谷では明治時代から昭和にかけて水銀鉱山が営まれ、那賀川の河畔にあった製錬所に運び込まれた辰砂が水銀に精製され、舟で搬出されていった。

　現在、那賀川に沿った県道から遺跡のある那賀川南岸には水井橋を渡るが、弥生時代は下流側の若

図12 ● 若杉山辰砂採掘遺跡周辺の航空写真
若杉山辰砂採掘遺跡は太竜寺山から派生する開析谷の斜面にある。
遺跡の下には那賀川にそそぐ若杉谷川が流れている。

杉谷が那賀川にとりつく地点から、谷間を流れる若杉谷川に沿ってむかったであろう。遺跡まではゆるやかな登道がおよそ一キロつづく。

太竜寺山と聞いて思いあたる節がある方もいるのではないだろうか。そう、ここは四国八十八箇所霊場巡礼の地でもある。遺跡のすぐ下には第二〇番札所鶴林寺《かくりんじ》と第二一番札所太龍寺をつなぐ太龍寺道が整備され、江戸時代の道標や丁石《ちょうせき》、遍路墓が各所に残されている。弥生人が辰砂の採掘をめざして足繁くかよった道は、いま、お遍路さんに出会うことのできる遍路道になっている（図13）。

2　辰砂採掘遺跡の発見

『加茂谷村誌』編さん事業

一九五四年五月一六日、若杉山の森林があざやかな緑でいっぱいになる季節、遺跡へ通じる

図13 ● 遺跡の下を通る遍路道
太龍寺道の一部は国史跡に指定されている。右下は太龍寺までの距離を示す丁石（「十二丁／水井村岩八」と記されている）。

遍路道を登っていく一行の姿があった。先導するのは、加茂谷村郷土史研究会代表の佐々忠兵衛氏と会員の天野奈良雄氏、それに富岡西高等学校教諭の常松卓三氏と生徒三名がつづいていく。

加茂谷村郷土史研究会は前年の七月二日に佐々氏をはじめとする地元の郷土史研究者によって、村誌編さんを目的として結成された研究会である。時は折しも、町村合併をめぐって連日にわたり議会や住民間で議論が交わされていたころであった。混沌とした時勢のなか、会員の諸氏は忙しい農繁期の余暇を使って郷土の歴史文化を記録していく。古文書、石造物、寺院といった多岐にわたる調査対象のなかに、後に若杉山辰砂採掘遺跡となる若杉谷の遺跡も含まれていた。

加茂谷村は一九五五年一月一日に富岡町へ編入されるが、この直前の一二月三〇日付けで、研究会の調査成果は『加茂谷村誌』として刊行されることになる（**図14**）。

村誌には、遺跡が発見された経緯を、住人の横井久吉氏の談話を引きつつ、つぎのように記している。「太平洋戦争中兵器に使用する水銀を探してこの石灰岩下を掘ったところ、貝類を

図14●『加茂谷村誌』
加茂谷村誌編集委員会が刊行した（1954年）。

畳みの様に並べた下に人骨一体が横たわっていたと。その辺には凹石《くぼみいし》と杵《きね》と称するたゝき石が数個あり、石灰の小石がうづ高くおかれてある。想うに石器時代の積石葬の跡であろうか。」

この記述から、地元ではすでに戦時中から遺跡として知られていたことがわかるが、人骨が出土したことへの関心が強く、発見当初は古墓と考えられていたようだ。

研究会は遺跡の内容を明らかにすべく一九五四年四月に実地調査を実行した。調査では、戦時中に人骨が発見された地点から二〇〇メートルほど登った若杉山山頂付近の岩陰にあった洞窟内の腐植土を除去したが、予想されていた人の居住を示す成果は残念ながら得られなかった。

そして、本節冒頭にふれた五月一六日。常松氏は若杉谷の視察を希望し、佐々・天野両氏の案内で山に登ったのである。この日の調査でも土器片や石器が採集された。

常松氏は、那賀川の段丘上で弥生土器が採集されることなどから、付近に弥生集落が存在することを想定し、ひるがえって山頂付近の岩陰は住居ではなく辰砂を掘った跡ではないかと考えた。そして、遺跡で採集できる叩《たた》き石《いし》（石杵《いしぎね》）と凹石《くぼみいし》（石臼《いしうす》）を、掘り出した辰砂を粉末にする道具に位置づけている。こうして辰砂の採掘遺跡とする見解がはじめて示されたのである。

市指定史跡へ

一九六九年には市毛勲氏による調査がおこなわれる。わずか三日間の調査であったが、石杵、石臼、土器片を採集し、あらためて辰砂の採掘遺跡であることが確認された。市毛氏は調査成果を日本経済新聞に寄稿し、長年探し求めてきた古代辰砂の採掘場がみつかったことの喜びを感慨深く述べるとともに、遺跡の性格を的確に言いあてた常松氏の慧眼を称えている。

その後、市毛氏によって遺跡は考古学専門誌で紹介され、広く学会に知られることになった。同年の七月一八日には遺物が多く採集できる若杉谷川沿いの一九八二平方メートルが「若杉山遺跡」の名称で阿南市史跡に指定された。

3　地下資源の宝庫・阿南

地元で培われた地質の知識

このように戦後わずか九年目におこなわれた村誌編さん事業にともなう実地調査をきっかけとして、弥生時代の辰砂採掘遺跡として位置づけられた。調査といっても遺物の採集を主とするものであり、かぎられた情報から稀有な遺跡の性格を見抜いた常松氏の見識に驚かされる。そこにはつぎに述べるような阿南の土地柄があった。

図15は遺跡周辺の表層地質（地表面にあらわれた岩石）が示された地図である。一見すると、同じ地質が東西方向にのびていることがわかるだろう。阿南市は北から秩父《ちちぶ》帯、四万十《しまんと》帯という付加体堆積岩類が広く分布する地帯に位置している。付加体とは、日本列島がまだユーラシア大陸の東端にあった二五〇〇万年以上前、海洋プレートが大陸プレートの下に沈み込む際に、海洋プレート上の堆積物が大陸プレートに剝ぎとられ、大陸の縁に付加されてできた地層である（**図26参照**）。したがって、遺跡周辺では砂岩・泥岩互層（緑色）、石灰岩（青色）、チャート

（黄色）といった堆積岩が縞状に展開し、比較的狭い範囲でさまざまな地質が表層にあらわれている。

こうした地質の特徴を備える阿南市では、江戸時代から現在に至るまで、石灰石、大理石、チャート、蛇紋岩といった岩石や、マンガン鉱、鉄鉱石、黄銅鉱といった鉱物が採掘されてきた。

たとえば、市西部の大田井町燧岳《ひうちだけ》に産出するチャートは良質な火打石として知られ、江戸時代の享保年間（一七一六〜三六）以降、一八八七年（明治二〇）ごろまで採掘された。採掘された火打石は那賀川を使って舟で搬出され、徳島城下はもとより、西日本に広く流通する。

また、阿南市域と那賀町域で採掘された大理石が国会議事堂のおもだった箇所に装飾石材として使用されていることは有名である（図16）。ほかにも近年の調査によって、東京国立博物館本館、大阪市中央公会堂（旧中之島公会堂）、旧文部省庁舎といった大正時代から昭和初期の日本を代表する近代建築

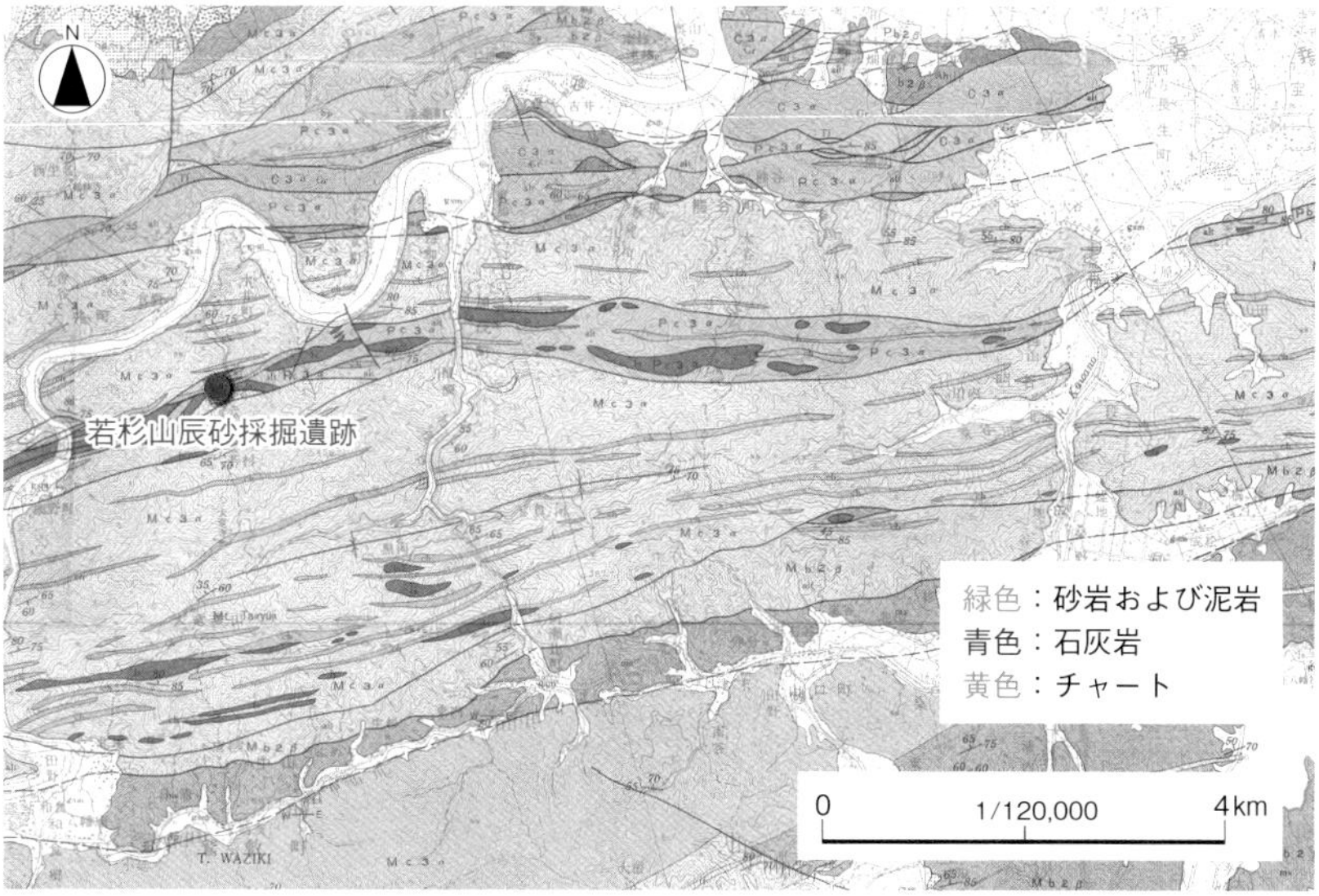

図15 ● 若杉山辰砂採掘遺跡周辺の表層地質
遺跡一帯には砂岩、泥岩、石灰岩、チャートといった堆積岩が東西方向にのびていることがわかる。

に使用されていたことが判明している。

さらに、石灰岩は一七九六年（寛政八）ごろに建築用の漆喰や土間たたきの原料として採掘がはじまったとされており、セメント、肥料、製紙の原料としていまも採掘がつづいている。

阿南市の水銀鉱山

さらに阿南市では、水銀を生産するために硫化水銀を主成分とする辰砂が採掘されていた。水銀は明治以降に列島各地で採掘され、医薬品、計測機器、蛍光ランプ、ボタン電池といった製品に使用されてきた金属である。現在は、環境への配慮から一九七四年に北海道の鉱山が閉山したのを最後に国内で採掘されていない。

阿南市域には水井町寒谷の丹波鉱床・佐々木鉱床・エビス鉱床・朝日鉱床、水井町若杉

図16● 阿南市桑野町大地の大理石採掘場
国会議事堂中央玄関に使用された大理石出荷時の集合写真。

谷の若杉鉱床、細野町の細野鉱床、加茂町の太竜寺鉱床といった複数地点に水銀鉱床が形成されている。

このうち寒谷にある鉱床群は豊富な鉱脈に恵まれていることから、水井鉱山（由《ゆ》岐《き》水銀鉱山）として本格的な操業がおこなわれた。閉山した現在でも、那賀川にそそぐ寒谷川沿いには佐々木坑、丹波坑、松崎坑（旧岩屋坑）、辰坑（旧朝日坑）といった坑道の坑口をみることができる（図17）。

水井鉱山は、淡路島出身の蛇目《じゃのめ》達三郎氏によって一八八六年（明治一九）に開鉱された。一八九五年（明治二八）には東京帝国大学教授の丹波敬三氏が継承し、やがて国内有数の水銀生産地に成長していく。余談だが、丹波敬三氏は俳優丹波哲郎氏の祖父で、丹波坑の坑名も彼に由来している。

明治時代に活況を呈した水井鉱山も大正時代後半以降は衰退し、昭和初期に一時休業状態となる。日中戦争後に戦時体制が強化されると、兵器への需要から徳島県海部郡浅川村出身の由岐潔治氏によって経営が再

図17 ● 水井鉱山佐々木坑の坑口
現在は石が積まれて閉塞されている。

開され、戦後の一九四八年ごろまで採掘されたという。

では、水井鉱山の採掘量はどの程度あったのか。一九五五年に鉱山を調査した工業技術院地質調査所（現地質調査総合センター）のまとめによると、一九一三～一六年（大正二～五）は国内唯一の水銀鉱山であったことから、すべての国産水銀が水井鉱山で採掘されていた。ところが、採掘が再開された一九四三年（昭和一八）以降は全国シェアの一パーセントにも満たない。これには北海道北見市のイトムカ鉱山や、奈良県宇陀市の大和水銀鉱山といった大規模水銀鉱山の稼働が影響しているとみられる。

GHQによる記録

ここに一九四七年ごろの水井鉱山の様子をおさめた二枚の写真がある（図18）。撮影したのは、第二次世界大戦終結後、日本で占領政策をおこなった連合国軍最高司令官総司令部（通称、GHQ）に設置された天然資源局である。当局の任務の一つは、日本と朝鮮の農業、林業、漁業、鉱業といった天然資源を調査し、これにかんする施策について最高司令官に報告・助言することであった。一九四五年一〇月のGHQ発足と同時に設置され、一九五一年一二月に廃止されるまで、一五五編のレポートをまとめている。この九一号が日本の水銀資源を調査した“MERCURY RESOURCES OF JAPAN”である。レポートでは一九二五～四五年（大正一四～昭和二〇）に稼働していた国内二〇カ所の水銀鉱山をあげ、水井鉱山は小規模な鉱山の例として紹介されている。

左の写真は那賀川の河畔にあった製錬所内に設置されていたレトルト炉を撮影したものだ。この炉を使って細かく砕いた辰砂を高温で熱し、発生した蒸気を水中に通して水銀を蒸留していた。耐火レンガを積み上げた炉のかたわらに燃料に使う松材が積まれている様子がみてとれる。右の写真はローテーブルに置かれた鉱石を四人の女性が手選しているところである。製錬所からおよそ七〇〇メートルの山腹にあった選鉱所を撮影したものだろう。いずれも終戦直後の鉱山の様子を伝える貴重な資料である。

このように、阿南市には地下資源を生業としてきた歴史がある。そこで培われた地質の知識は、常松氏や加茂谷村郷土史研究会の諸氏も知るところであり、辰砂採掘遺跡の発見と性格づけの一因になったと、わたしには思えてならない。

丹生という地名

古代に辰砂を採っていた形跡は地名として残ることがある。歴史地理学者の松田壽男氏は、全国各地にみられる「丹生《にう》」という地名が、水銀鉱床を形成する地域に多く分布することを明らかにした。丹生の地名は、「丹を生む」つまり辰砂が産出することに由来している可能

図18●昭和20年ごろの水井鉱山
左：製錬所のレトルト炉、右：鉱石を手選する女性。

性が高い。徳島県でも、若杉山辰砂採掘遺跡から那賀川をおよそ一〇キロさかのぼった那賀町が「丹生谷」とよばれてきた。江戸時代後期の経世家である佐藤信淵《のぶひろ》が著書『経済要録』のなかに朱砂（辰砂）を産出する地名として「奥州の朱沼山、出羽の鹿内山、伊勢の丹生山、阿波の丹生谷」をあげているので、丹生谷の地名は少なくとも江戸時代には使用されていたことがわかる。町内の仁宇、小仁宇の字名も、徳島藩が編さんした地誌『阿波志』では、丹生、小丹生と表記されている。

また、松田氏が『古事記』中つ巻の神武天皇吉野巡行にみられるつぎの記述と辰砂採掘の関連性を説いた研究は興味深い。

其地より幸行せば、尾生ひたる人、井より出で来たり。其の井に光有り。爾くして、問ひしく、「汝は、誰ぞ」ととひしに、答へて白ししく、「僕は、国つ神、名は井氷鹿と謂ふ」とまをしき。

松田氏は、井氷鹿（『日本書紀』では井光となっている）と名乗る人物が出てきた光る井戸こそ、辰砂採掘の竪坑で自然水銀が溜まるさまを形容したものであると考えた。この記述の舞台とみられる奈良県吉野郡川上村大字井光は、大和水銀鉱床の只中に位置している。『古事記』に記載された伝承にもとづく見解であるため、どれほど歴史事実を反映しているのかわからないが、排水機能をもたない律令時代以前の竪坑に水が溜まって井戸のようにみえることは想像できる。

若杉山辰砂採掘遺跡付近でも「井」のつく地名が多いことが天羽《あもう》利夫氏によって指摘されて

いる。遺跡の字名である「水井」は、採掘によってできた竪坑に水銀がみられたり、水が溜まっている様子に由来するのかもしれない。今後は地理学をはじめ他分野との共同研究によって、地名と辰砂採掘の関係性を追究しなければならない。

4　みえてきた辰砂採掘の様子

学際的な調査体制

一九六九年に阿南市史跡に指定された若杉山辰砂採掘遺跡であるが、遺跡の実態はまだまだ不明な部分が多かった。

はじめて本格的な発掘調査が実施されたのは一九八四年のことである。調査をおこなったのは、徳島県立博物館の前身である徳島県博物館であった。当時、博物館は生産遺跡を研究のテーマに掲げており、辰砂採掘遺跡に白羽の矢が立ったのである。

発掘調査はこの年から四年間、毎年夏季に実施された。調査を担当したのは岡山真知子氏で、作業には地元の住民や教職員、それに夏休みで帰省した大学生が参加していた。学生のなかには卒業後、自治体で文化財保護の職に就いた者もおり、真夏の発掘現場は人材育成の場にもなった。

また、調査指導にはこの遺跡を学会に周知させた市毛勲氏（早稲田大学、以下の所属はいずれも当時）をはじめ、近藤喬一氏（山口大学）、都出比呂志氏（大阪大学）、岡内三眞氏（徳島大学）といった考古学者のほか、文化財保存科学を専門とする澤田正昭氏（奈良文化財研究所）、地質・岩石学者の岩崎正夫氏（徳島大学）など各分野の専門家が加わり、これを文化庁、徳島県、阿南市がサポートするという組織的な調査体制が敷かれた。

辰砂採掘の作業場

発掘調査は史跡範囲内で実施された。戦後、この場所はミカン畑として利用され、地形が大きく改変されている。平場をねらって設けた調査区は四年間で一三カ所を数え、総面積は一四一平方メートルにおよんだ（図19）。

多くの調査区でチャートや石灰岩が割れた礫の堆積がみられるなか、いくつかの調査区で遺構面とよんでいる採掘時の地面を確認し、土坑（人為的に掘られた穴）がみつかっている。

Ａ－４区では、斜面をＬ字状にカットしてつ

図19 ● 徳島県博物館の調査地点（図25参照）
石積みで造成された平場はおよそ12段。現在は杉が植林されている。

くり出した平坦面が確認されている。遺構面に掘り込まれた土坑から、熱を受けた石臼と石杵が各一点、甕形土器四個体が出土している。隣接するC－４区では岩盤を掘り下げた痕跡もみられた。

D－８区では、遺構面にすえられた石臼と土坑五基がみつかり、土坑内から石杵や土器片が出土している（**図20**）。土坑群の南側で岩盤を掘り下げた痕跡と、辰砂をとり出したと思われる石灰岩礫が積み上げられた遺構がみつかったことから、ここで採掘にかかわる作業がおこなわれていた可能性が指摘されている。

調査中、毎年のように成果を公開する現地説明会が開催され、弥生時代の辰砂採掘遺跡を一目みようと多くの考古学ファンがつめかけた。

くつがえされた辰砂採掘のイメージ

旧地形が損なわれていたためか、徳島県博物

図20●遺構面にすえられた石臼と土坑（D－８区）
中央手前に窪みが３つある石臼がみえる。土坑は５基みつかった。

館の調査では採掘地点を特定することができなかった。しかし、豊富な出土品によって遺跡の理解は大きく前進していく。

出土した石杵は三五〇点を超え、石臼も四〇点を数えた（図21）。ほかにも土器、鉄製品、蛇紋岩製勾玉、辰砂原石、そして貝殻、魚骨、獣骨といった自然遺物も出土している。

一九九七年に刊行された調査報告書では、こうした出土品の詳細な検討が記されている。土器は、弥生時代後期初頭から古墳時代初頭（一世紀初頭から三世紀中ごろ）のものが含まれ、その大半が弥生時代終末期の土器で占められることが示された（図22）。これにより遺跡が形成された時期をより細かくとらえることが可能になった。

また、石杵の形態や使用痕（採掘作業に使用されてできた痕跡）を分析することよって、岩盤に含まれる辰砂を打ち割り、母岩を除く粉砕・精製をへて、粉体となった辰砂を遺跡外にも ち出していたことが明らかにされた。このことは、辰砂採掘が転石を拾い集める採集的なものではなく、鉱脈に含まれる辰砂を複雑な工程をへて獲得していることを示唆するものであり、弥生時代の辰砂採掘のイメージをくつがえす発見であった。

このほかにも報告書では、地理学による旧地形の復元、自然遺物の種別特定、鉱物の自然科学分析といった成果が掲載されている。考古学という一つの学問領域にとどまらない学際的な研究方法によって、辰砂採掘遺跡という前例のない遺跡の解明に挑戦し、弥生時代の辰砂採掘場である確かな証拠を得た博物館の調査は高く評価されている。

図21 ● 出土した採掘道具
採掘に使用された石器は、その形状から石杵・石臼とよばれている。

図22 ● 出土した土器
左の４点は壺、中央奥は有孔鉢、中央手前３点は高坏の脚部、
右奥２点と右手前の１点は甕、右２点は鉢。

第3章　採掘の実態解明へ

1　ズリ場と鉱脈の発見

三〇年ぶりの若杉山への注目

徳島県博物館による発掘調査からおよそ三〇年、若杉山で新たな調査がおこなわれることはなかった。それでも、弥生時代の集落遺跡の調査が着実に進み、人びとが朱を使用する様子が明らかとなっていく。いつしか徳島県は赤色顔料の生産から使用にいたる遺跡や考古資料を包括的に備えた、またとないフィールドになっていた。

そこで県（徳島県教育委員会）は、二〇一五年から県内にある赤色顔料関連遺跡の適切な保護措置をはかるための調査に着手し、わたしは調査を担当することになった。この事業でとくに重点をおいたのが若杉山辰砂採掘遺跡の国史跡指定を目指すことであった。そのためには、過去の調査でかなわなかった採掘地点の特定を実現し、採掘方法を明らかにするという難題に再び挑戦する必要があった。

遺跡を歩く

最初におこなったのは遺跡をくまなく歩き採掘の痕跡をさがす踏査《とうさ》である。対象範囲は徳島県博物館の調査地点を中心とする若杉山の東斜面。

踏査は徳島県立博物館の高島芳弘氏と岡本治代氏とともに、道なき急斜面をときに四つん這いになりながら登っていった。山頂付近でお弁当を食べ、博物館が調査した地点から北側に尾根を一つへだてた斜面を下っていくと、足下に無数の礫が転がっていることに気づいた。ここまで歩いてきた地面は自然林の落ち葉でできた腐葉土におおわれていたので、異様な光景に映った（図23）。

一面に広がる礫を観察すると、あちこちに破損した石杵が含まれている（図24）。これは辰砂採掘によって出た破砕礫の堆積ではないか。近現代の鉱山で不要な捨石が集積されて山になっている

図23 ● 若杉山東斜面に広がる無数の礫
最初に遭遇した礫の堆積。この発見が後に採掘地点を特定する鍵となった。

状態をズリ山とよぶことにならい、山腹の斜面をおおうように広がっているので「ズリ場」とよぶことにした。こうした目で踏査をつづけると、ズリ場は三カ所に存在することが明らかとなった。

踏査によって把握されたズリ場の位置と範囲を遺跡一帯の地形図にあらわすと図25のようになる。本図では上が斜面上方（西側）、下が若杉谷川が流れる斜面下方（東側）にあたる。一メートルごとに引かれた等高線の間隔が狭いことからうかがえるように、斜度はおよそ三〇～四〇度である。スキージャンプ台がおよそ三五度だから、遺跡がかなりの急斜面に立地していることがおわかりいただけよう。

三つのズリ場

調査では、南側から順に「ズリ場第1箇所」、「ズリ場第2箇所」、「ズリ場第3箇所」とよび分けた。ズリ場第1箇所（赤色部分）は標高二一〇

図24 ● 礫に混じる石杵（写真中央）
斜面に広がる礫はどれも角ばっているが、ところどころに丸みのある川原石を使った石杵が確認できる。

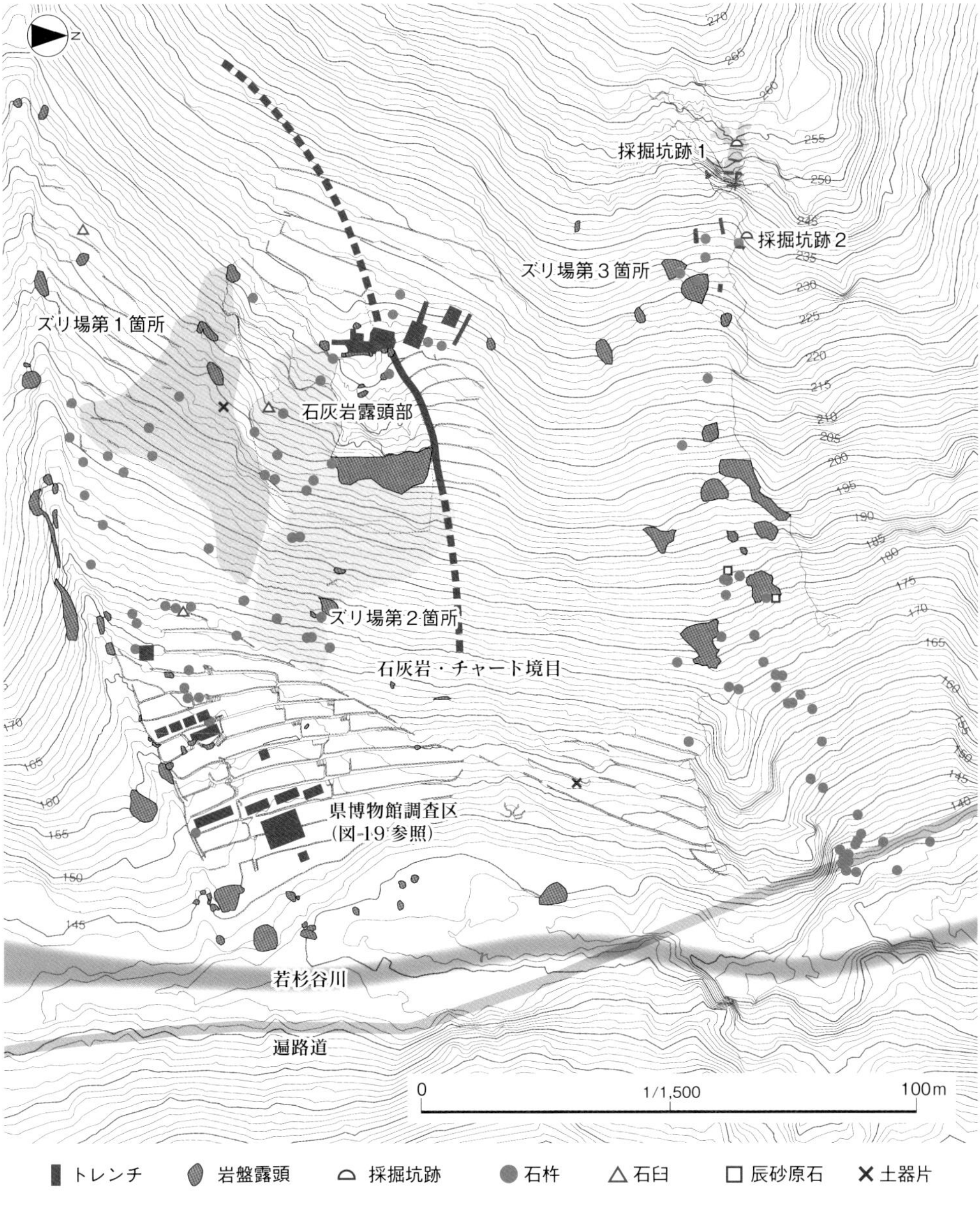

図25 ● 遺跡の地形とズリ場の位置関係
3つのズリ場はいずれも斜面下方（図下）ほど幅を増している。
地表面で観察することができる石杵や石臼の分布はズリ場の範囲と対応していることがわかる。

メートル付近から斜面下方へ扇形に広がる。最大幅は南北四〇メートルで、平面積はおよそ九五〇平方メートルである。

そのすぐ北側にズリ場第2箇所（青色部分）がある。ズリ場第1箇所と同じく標高二一〇メートル付近を起点とするズリ場で、石灰岩の露頭を南側から東側にかけてとり巻くように広がっている。平面積はおよそ一三〇〇平方メートルである。これら二つのズリ場は標高一八〇メートル付近で合流し、下端は現代の段々畑に切られている。本来はさらに下方まで広がっていただろう。

ズリ場第3箇所（緑色部分）は踏査で最初に発見されたズリ場である。ズリ場第2箇所の北側およそ四〇メートルの地点にある。東へ張り出す尾根によってさえぎられ、互いに目視することのできない位置関係にある。

ズリ場第3箇所は、標高二三三メートル付近を起点として尾根にはさまれた谷部の斜面地に幅約二〇メートルにわたって広がっている。途中、標高一七〇メートル付近で地形の影響を受けて分岐している。主体となるズリ場はやや北に幅を増し、下端は若杉谷川沿いを通過する遍路道までおよぶ。起点と下端の高低差は九八メートルあり、平面積は三つのズリ場のなかで最大のおよそ三〇〇〇平方メートルに達する。これはテニスコート一〇面分に相当する大きさだ。

ズリ場第3箇所の発生起点の斜面上方では、岩盤をうがつ横穴がみつかった。この横穴は一九五四年に加茂谷村郷土史研究会が実地調査し、その後、所在不明となっていた洞窟とみられ、六〇年ぶりの再発見となった。また、これより斜面を一二メートル下った標高二三三メートルの地点でも、開口部が腐葉土におおわれた横穴をもう一基確認することができた。

図25には、踏査中に確認された石杵九五点、石臼三点、辰砂原石二点、土器片二点の位置を示した。これらの分布はみごとにズリ場の範囲と対応していることがわかる。ただし、地表面で観察することができた遺物に限られるので、ズリ場のなかにはまだ多くの遺物が残されているとみてまちがいない。

こうして、従来、遺跡の範囲は市史跡に指定されている約二千平方メートルと考えられてきたのが、新たに発見されたズリ場や遺物の広がりによって、少なくともその一〇倍の約二万平方メートルにおよぶことが判明した。踏査の結果、若杉山辰砂採掘遺跡は予想外に大規模な遺跡であることが明らかとなったのである。

地質学からのアプローチ

このことは調査対象範囲が広がったことを意味している。遺跡が良好に残されていることは喜ばしい反面、国史跡指定を目指すためには採掘地点の特定が不可欠だと考えていたので、やみくもに発掘調査をおこなっても遺跡の核心にせまることはむずかしいと思われた。そのため、地表面の観察から得られる可能なかぎりの手がかりから、発掘調査地点を定める必要があった。

そこで地質学者の石田啓祐氏（徳島大学大学院）に協力を仰ぎ、踏査成果をもとに遺跡を歩いていただいた。

たびかさなる地質調査によって、数億年から数千万年前に起こったプレート運動や火山活動が遺跡の立地と深く関係していることが明らかになっていく。第2章でふれたように、阿南市は北から秩父帯、四万十帯という付加体堆積岩類が広く分布する地帯に位置し、若杉山辰砂採掘遺跡は秩父帯にある。この秩父帯は海洋プレートが大陸プレートに沈み込む海溝において、海底に堆積していた地層が大陸プレートの縁に剝ぎとられた地質体である（図26）。

したがって、遺跡付近の地質は、海溝に堆積した砂が固結してできた砂岩、放散虫や海綿動物などの殻や骨片が海底に堆積してできたチャート、炭酸カルシウムを主成分とするサンゴや有孔虫の遺骸が堆積してできた石灰岩といった堆積岩で構成されている。これらの地層が堆積したのは、古生代石炭紀から中生代三畳紀（約三億年前から約二億四〇〇〇万年前）のことだ。

そして、約一五〇〇万年前までに大陸の一部だった日本列島が引きはなされると、約一四〇〇万年前に起きた激しい火山活動で、マグマから派生した高温の熱水がさまざまな元素を溶かしながら岩石の割れ目を上昇し、温度低下と

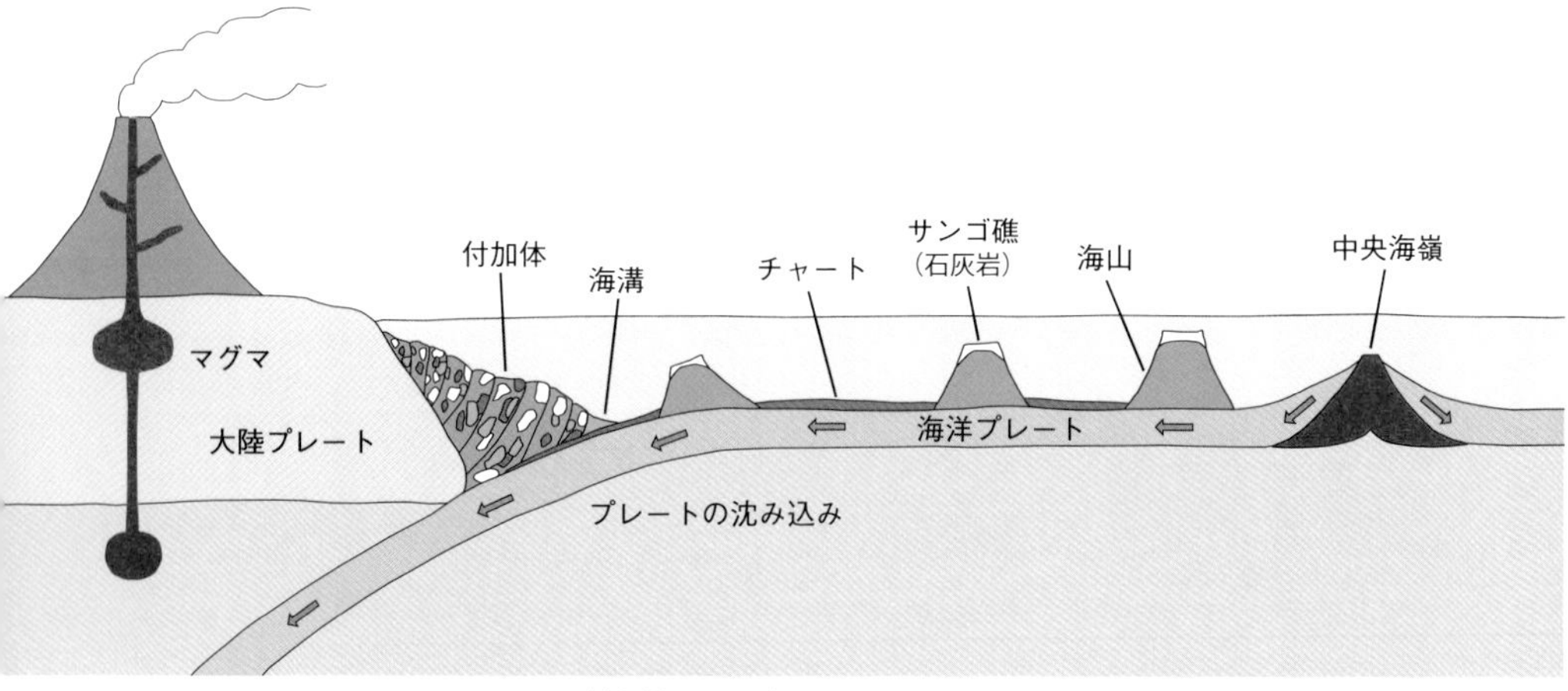

図26 ● 付加体のでき方
若杉山辰砂採掘遺跡のある四国山地は、海溝付近でできた付加体が隆起して形成された。遺跡一帯の表層地質である砂岩、チャート、石灰岩は海底の堆積物に由来している。

ともに結晶化して熱水鉱脈ができた。若杉山一帯では熱水中に硫化水銀が含まれていたため、鉱脈中に辰砂が生成されたわけだ。

余談であるが、石器の素材として有名な香川県坂出市の金山付近に産出するサヌカイトも、同じころの火山活動による噴火で発生した溶岩からできている。このように阿南の山中で辰砂が採れる背景には、劇的ともいえる地球規模のドラマがあったのである。

熱水鉱脈を求めて

阿南市の地質を熟知する石田氏とともに熱水鉱脈の痕跡をみつける調査がはじまった。目的はさながら弥生時代の人びとと同じである。山の斜面は腐葉土におおわれているため、岩の露頭をみつけては観察をくり返す作業となった。

こうした地道な調査によって、遺跡の表層地質は南半部が石灰岩、北半部がチャートで構成されていることがわかり、その境界がズリ場第２箇所の北端をかすめるように東西方向に斜面を縦走することが確かめられた（**図25破線部**）。

こういった地質の境目は熱水鉱脈が貫入しやすいという特性をふまえ、境目に沿って斜面を登りながら露頭を観察したところ、ズリ場第２箇所上方の石灰岩露頭部で熱水鉱脈がみつかった（**図27**）。踏査で何度も往来していたにもかかわらず気にとめなかった、石灰岩の露頭に貫入するわずか二センチほどの熱水鉱脈を示されたときは本当に驚いた。気づけば、ここがズリ場第２箇所の発生起点になっているではないか。「（採掘地点が）あるならここだ！」石田氏の頼もしい言葉にわたしたち調査員も採掘地点をみつけ出す糸口をつかむことができた。

一方、遺跡北半部のチャート地帯でも、熱水によって変質した結晶質チャート礫や辰砂粒を含む石英脈が採集され、付近に熱水鉱脈があると予想された。そこで、ズリ場第3箇所の発生起点となっている横穴内を観察したところ、チャート岩盤に貫入する熱水鉱脈が確認された。

新たな発掘へ

二〇一五年から二カ年を要した踏査と地質調査によって、辰砂の採掘がおこなわれたであろうおよその地点が想定できるようになった。つぎはいよいよ発掘調査で弥生時代の採掘場の姿を探っていくことになった。

ところで、読者のなかには街中で発掘調査現場をみかけた方もいるだろう。その多くは、開発行為によって遺跡を現状のまま保存することができ

図27 ● 石灰岩に貫入した熱水鉱脈
矢印で示した黄色みがかった筋が熱水鉱脈。幅は2cmほどで石英を多く含んでいる。

ず、やむを得ず実施される発掘調査だ。「記録保存調査」とよばれている。これに対し、若杉山辰砂採掘遺跡でこれからはじまる発掘調査は、遺跡の適切な保護を目的とする。「保存目的調査」とよばれている。つまり、大規模な面積の調査をおこなうのではなく、遺跡を損なわないように最小限の調査で内容や範囲を把握し、後世に伝えていくことが求められる。

二〇一七年から二カ年実施した発掘調査は、阿南市が事業主体となり、これに徳島県が協力しておこなわれた。阿南市を事務局として、考古学と地質学の有識者、過去に調査経験をもつ徳島県立博物館、文化庁で構成される「若杉山遺跡調査検討委員会」が発足した。徳島県博物館が三〇年前に実践していた学際的な調査体制を引き継ぎ、誰もみたことがない辰砂採掘遺跡の実態を総力をあげて解明していこうとするものであった。

遺跡の南半部にあたる石灰岩地帯を中心とする部分を徳島県が、東西にのびる尾根をはさみ、遺跡北半部のチャート地帯を阿南市が担当することに決まった。

2　みえてきた露天採掘の実態

不自然な地形

図25を再度ご覧いただきたい。先に述べたように、遺跡のある若杉山東斜面はおよそ三〇〜四〇度の傾斜地である。ところが、熱水鉱脈がみつかった石灰岩露頭部付近は等高線の乱れが著しい。とくに石灰岩露頭部の西端は、ほぼ南北に高さ八〇センチほどの垂直な壁面になって

いた。調査ではこれを「南北壁」とよんだ。

南北壁の西側には五〇平方メートルほどの小さな平坦地があり、ところどころに石杵や辰砂原石が散布していた。傾斜地にかこまれたこうしたわずかな平坦地は採掘時の作業場に使われていた可能性があるので、徳島県はこの平坦地で南北壁に沿うように調査区（第1トレンチ）を設定し、発掘を開始した。

そそり立つ壁と熱水の痕跡

掘削を開始すると、すぐに瓦器椀《がきわん》とよばれる鎌倉時代の器の破片が数点出土し、腐葉土から下の約四〇センチは中世の堆積であることが確かめられた。さらに掘り下げると、弥生時代の地層に到達して、石杵や石臼、弥生土器の破片が出土しは

図28 ● 第1トレンチで姿をあらわした南北壁
斜面上方（西側）から南北壁を望む。壁面上方の緑色のところは調査前から露出していた。

じめた。

調査が進むにつれて露わとなっていく南北壁は、最終的に長さ八・五メートルにわたった（図28）。南北壁の北側は調査区の北端で東に九〇度屈曲して斜面を下っていき、南側は西に約二〇度方向を変えながら調査区外へのびていく。壁面は小さな凹凸があるものの、およそ垂直で高さ三・七メートルに達した。安全面を考慮して掘り下げを中止したので、実際はさらに高い壁面を呈している。

わたしたちが注目したのは、この壁面の状態である。調査区の他地点の石灰岩は白色で表面が滑らかであったが、壁面は無数の亀裂が生じ、茶褐色や赤色の方解石や酸化鉄がみられ、外観が異なっている。こうした石灰岩の変質や鉱物の付着は、南北壁が熱水鉱脈そのものであることを示していた。

そうなると気になるのが、この熱水鉱脈に辰砂が含まれているかどうかだ。確かめるために壁面に付着した土壌を洗浄してみるがみあたらない。そこで、地質学者の安間了氏（徳島大学大学院）の協力で、現地に携帯型蛍光エックス線分析装置をもち込んで壁面の測定をおこなっていただいた（図29）。すると壁面の各所で高い値の水銀元素が検出され、この熱水鉱脈に辰砂が含まれている可能性が高まった。

図29●携帯型蛍光エックス線分析装置を使った調査の様子

その後、石田氏が南北壁をおおう土壌を大学の実験室にもち帰り、洗浄・重液分離（比重の大きい液を用いて鉱物を選別する方法）した結果、粒径〇・〇六〜〇・九ミリという非常に小さな辰砂がみつかった。顕微鏡で観察すると辰砂粒はどれも角ばっている（図30）。辰砂は硬度が低いため、自然の作用で長い距離を運ばれると角が磨耗するはずである。したがって、これらの辰砂粒は南北壁付近の熱水鉱脈に含まれていたとみるのが妥当とされた。

壁面を埋める無数の破砕礫

ここまで話を進めると、察しのよい読者は「南北壁の西側の岩盤はどこにいったのか？」と思われたにちがいない。それは調査していたわたしたちも同じであった。その答えのヒントは壁面を埋める堆積物にあった。

第1トレンチで、鎌倉時代の遺物が出土する上層の土壌は黒褐色の砂質土で、下層の黄褐色で礫を多

図30 ● 南北壁をおおう土壌に含まれる辰砂の顕微鏡写真
大きいもので0.9㎜ほどで、角ばった粒が多い。

量に含む弥生時代の土壌と明瞭に区別できた。さらに弥生時代の地層を第3層から第6層（数字が大きいほど下の地層をさす）に分けた。注目したのは、各層位に含まれる礫の大きさである。

発掘作業では層位ごとに礫をより分け、長さと重さを計測していった。すると、各層位で礫の大きさが異なっていることや同じ層位では礫の大きさに一定のまとまりがみられることがわかった（図31・32）。

こうした堆積が自然に起こるとは考えにくく、礫は人為的な所産と思われた。つまり、辰砂採掘によって生じた破砕礫の堆積と判断されたのである。しかも、第3層と第6層は、礫のあいだが土壌で完全に満たされておらず空隙が目立っているので、短期間のうちに堆積していたこともわかった。

破砕礫と石杵・石臼の関係

つぎに注目したのが、出土する石杵と石臼の特徴である（図33）。小さな破砕礫を含む上層（第3層から第5層）で

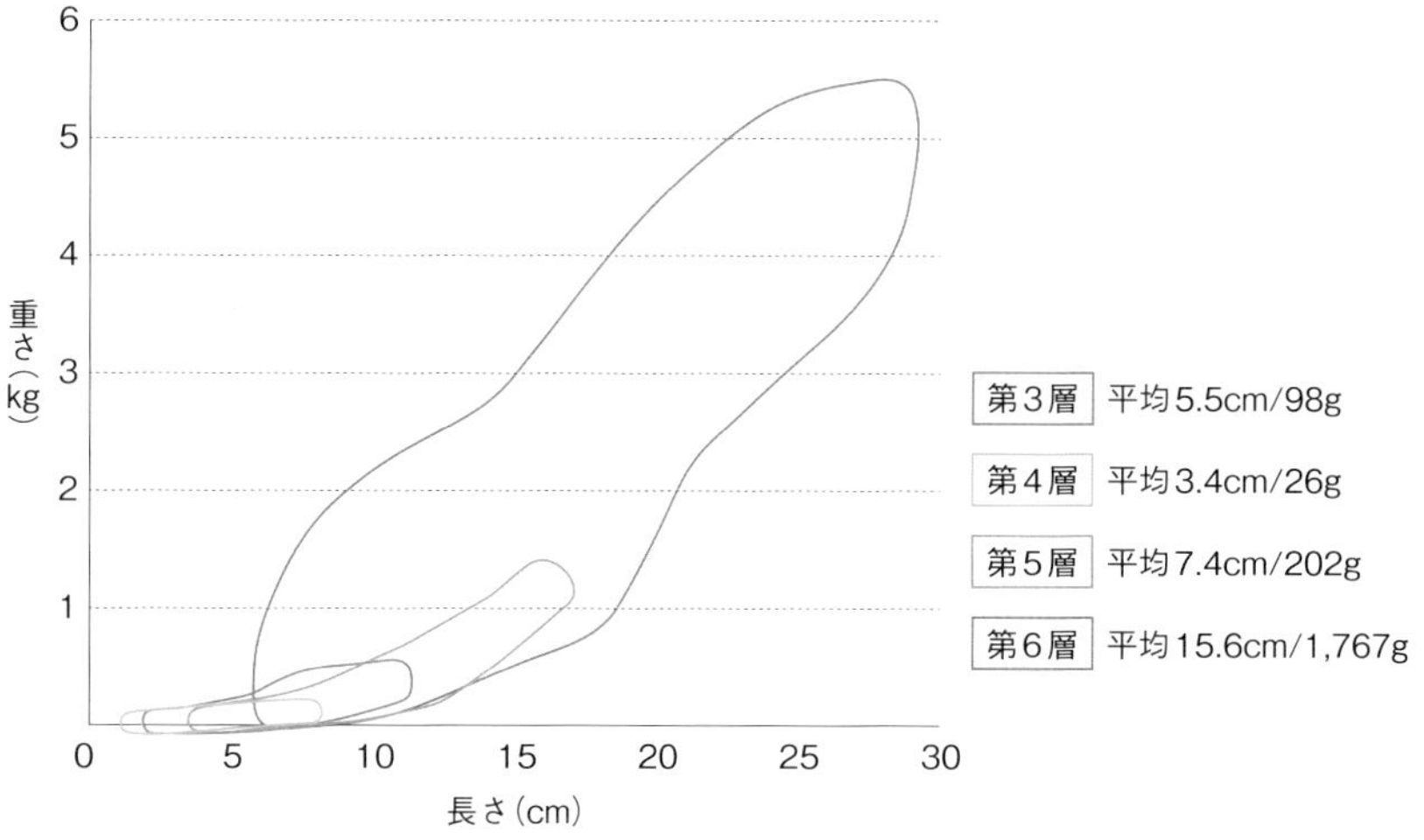

図31 ● 層位ごとの石灰岩礫の大きさ
弥生時代の地層に含まれる石灰岩礫は下層ほどサイズが大きい。

は、片手サイズの比較的小さな石杵と凹部をもつ石臼が出土している。一方で、大きな破砕礫を含む下層（第6層）では、両手で使用されるような二キロ以上の石杵が出土し、どれも激しい打撃痕をともなっている。

当然、石杵の大きさのちがいは破砕の対象となった岩盤や礫の大きさを反映すると考えられよう。つまり、下層は大型の石杵を用いる粗割り段階の破砕礫、上層はより細かくなった礫から辰砂が付着する部分をより分ける段階の破砕礫と解釈された。

複数ある採掘地点

では、これらの破砕礫はどの地点の採掘によって発生したものなのか。足場の悪い急斜面では大量の破砕礫を逐一遠方まで運搬していたと考えにくく、採掘地点から斜面下方に廃棄するのが自然である。この想定が正しければ、南北壁を埋める

図32 ● 南北壁を埋める石灰岩の礫
堆積の様子を横から撮影した写真。下層ほど礫が大きくなっていることがわかる。

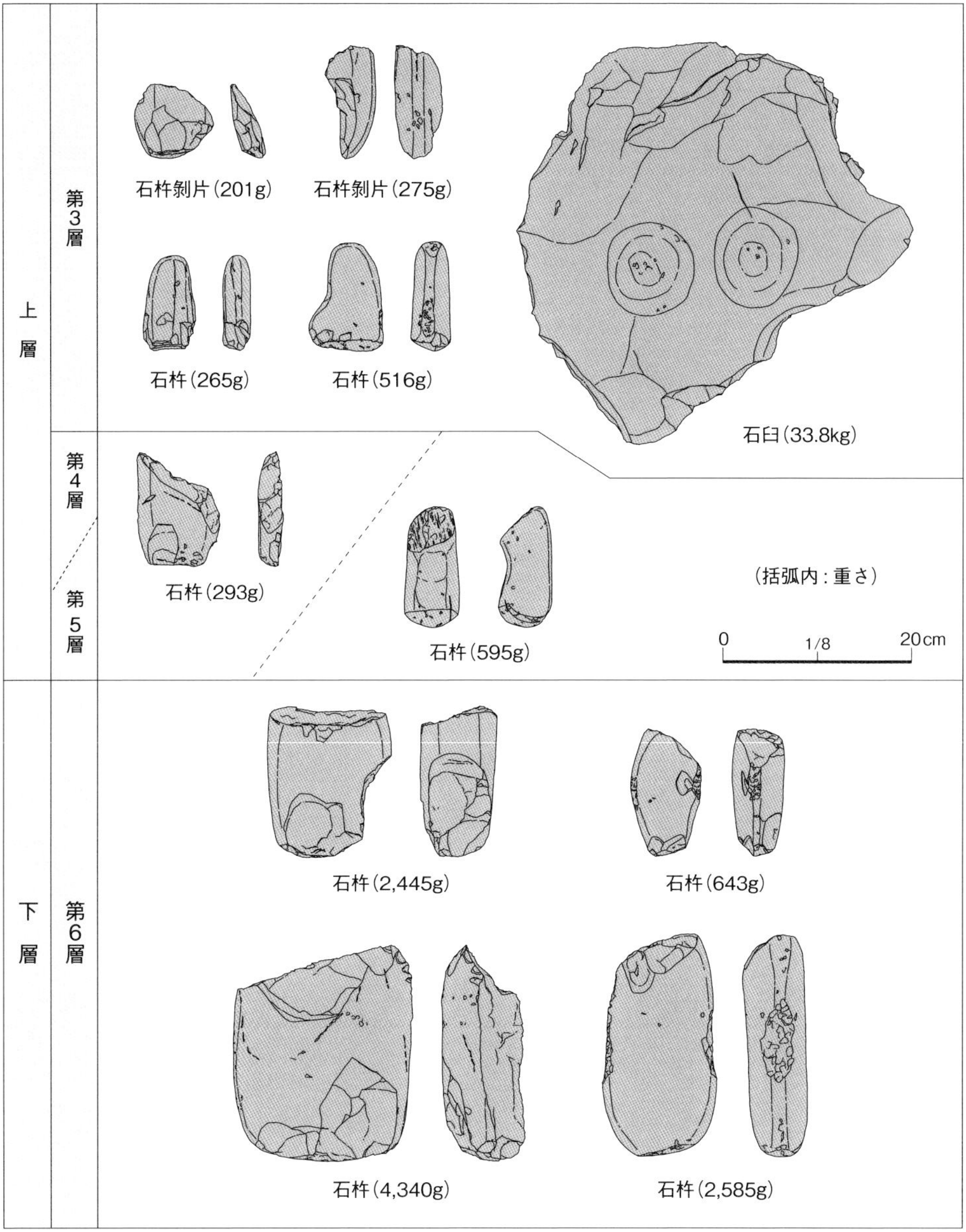

図33 ● 弥生時代の層位から出土した石杵と石臼
石杵は、上層で片手サイズの小型品、下層で両手で使用する大型品が出土する傾向がある。
大型品には激しい打撃痕や剥離がみられる。最上層の第３層には石臼も含まれている。

破砕礫は、調査区より斜面上方でおこなわれた採掘に起因するものになる。そして、礫間に空隙が目立つことからすれば、長い距離をずり落ちてきたとは考えられず、そう遠くない場所に別の採掘地点が存在すると予想された。

以上の状況からわたしたちは、熱水鉱脈、採掘地点、ズリ場の関係を**図34**のように整理した。第1トレンチの付近には、

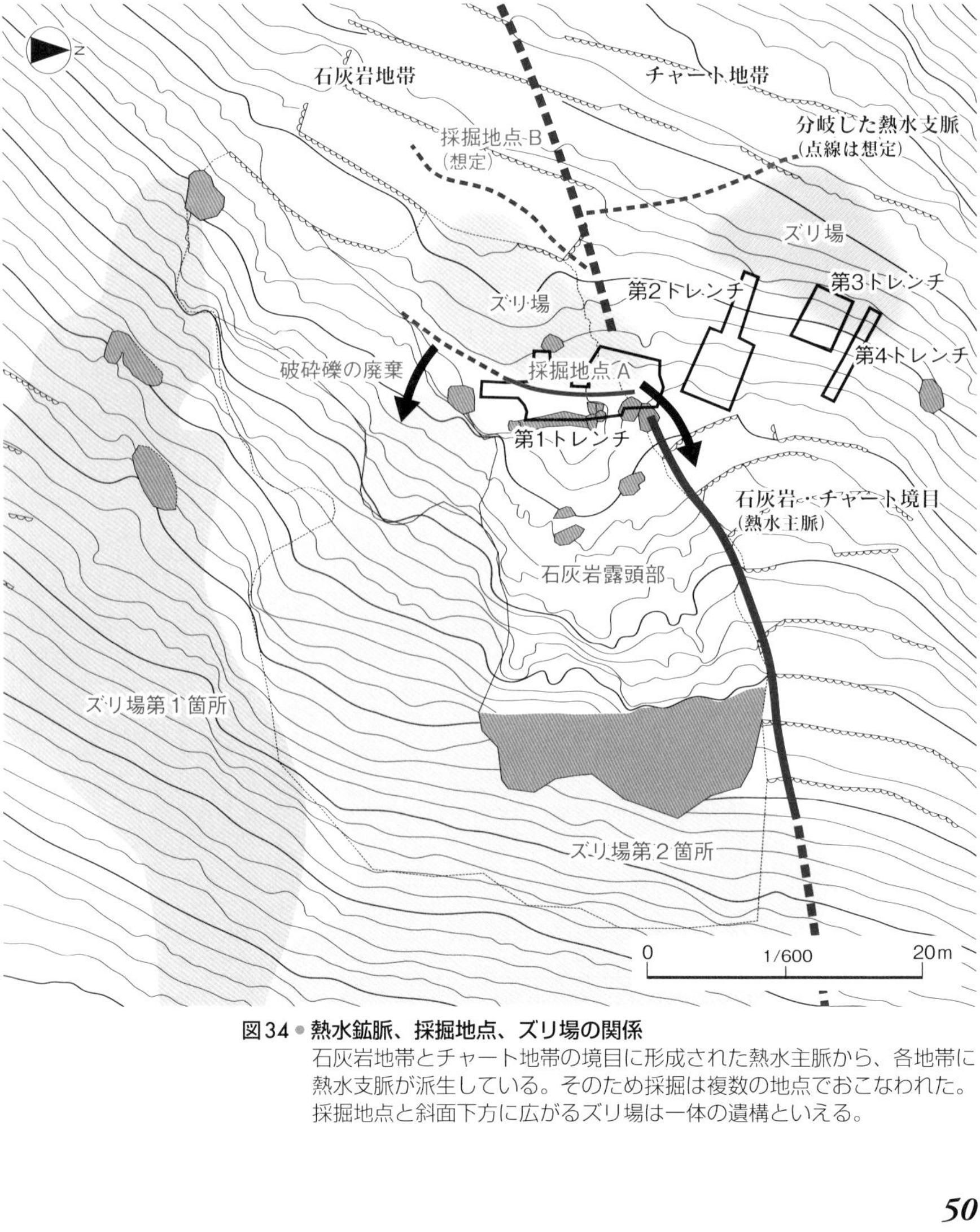

図34 ● 熱水鉱脈、採掘地点、ズリ場の関係
石灰岩地帯とチャート地帯の境目に形成された熱水主脈から、各地帯に熱水支脈が派生している。そのため採掘は複数の地点でおこなわれた。採掘地点と斜面下方に広がるズリ場は一体の遺構といえる。

石灰岩地帯（南側）とチャート地帯（北側）の境があり、この境目に沿って熱水主脈が貫入している。ここから分岐した支脈が石灰岩地帯にのび、南北壁の熱水鉱脈ができた。そこで南北壁の熱水鉱脈を対象とする採掘地点を「採掘地点A」とよぼう。この採掘で出た破砕礫は斜面下方に廃棄され、ズリ場第2箇所を形成している。

ところが、採掘によってできた南北壁も、大部分が弥生時代のうちに埋没してしまう。その原因は斜面上方の未調査地にも別の支脈が存在し、これを対象とした採掘（「採掘地点B」）で発生した破砕礫が、辰砂を採り終えた採掘地点Aに捨てられたのである。

また、第1トレンチ北側の斜面部に設定した調査区（第2トレンチから第4トレンチ）でも、破損した石杵と弥生土器を含む破砕礫堆積が確認された。採掘地点の特定にはいたっていないが、破砕礫がチャートであることから、主脈からチャート地帯へ分岐する支脈も採掘対象になっていたことがわかった。

露天採掘の展開

発掘調査成果にもとづき、石灰岩地帯でおこなわれた露天採掘の展開を図説しよう（図35）。採掘前、石灰岩の露頭はいまよりも斜面上方につづいており、そこには熱水主脈から分岐した支脈が複数貫入していた。

弥生時代後期になると、熱水鉱脈の採掘がはじまる。これを第1段階とし、採掘された場所を採掘地点Aとした。熱水鉱脈を採掘するためには、貫入面片側の岩盤をとり除く必要があり、採掘地点Ａでは斜面上方（西側）の岩盤が打ち割られた。その結果、第１トレンチでみつかった南北壁が形成されたのである。採掘地点Ａの採掘で発生する破砕礫は、作業スペースを確保するため斜面下方に捨てられ、ズリ場第２箇所を形成した。

採掘地点Ａで熱水鉱脈を採りつくすと、採掘場所は斜面上方に存在するであろう採掘地点Ｂに移動する。これを第２段階としよう。採掘地点Ｂで発生する破砕礫はオープンスペースとなっている採掘地点Ａに捨てられ、しだいに南北壁は埋まっていく。壁際の堆積は下層ほど大きい破砕礫と石杵を含んでいる。これは、採掘地点Ｂでおこなわれた岩盤の粗割り作業によってつぎつぎに発生する破砕礫と破損した石杵を一緒に捨てるからである。

最後に、南北壁がほぼ埋まった段階を第３段階としよう。平坦地になった採掘地点Ａでは粗割りした破砕礫から石杵と石臼を使って不要な石灰岩と熱水鉱脈をより分ける選鉱がおこなわれた。南北壁東側の岩盤上でも石杵が出土していることから、こうしたわずかな平地が選鉱場に充てられたようだ。

このように、第１トレンチを設定した場所は、「熱水鉱脈の採掘場」→「斜面上方の採掘で生じた破砕礫の捨て場」→「鉱物をより分ける選鉱場」という、採掘作業における三つの段階をへていたことが確かめられた。

そして、複数の採掘地点が存在することを確かめたことも重要である。これは、弥生時代の人びとが熱水主脈やそこから分岐する支脈を追って、つぎつぎと採掘地点を移動していたことを意味している。

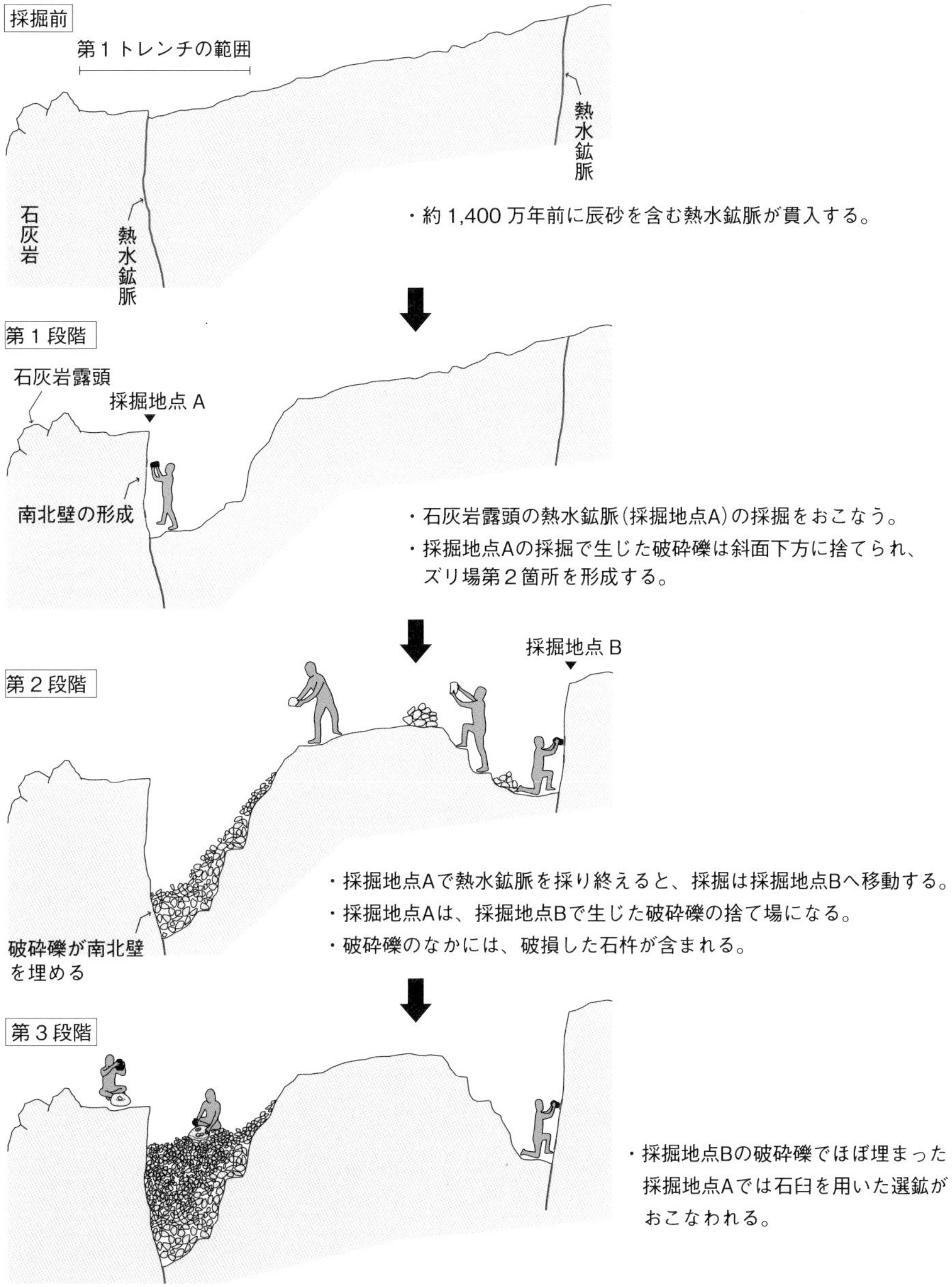
採掘前
第 1 トレンチの範囲
熱水鉱脈
石灰岩
熱水鉱脈
・約 1,400 万年前に辰砂を含む熱水鉱脈が貫入する。
第 1 段階
石灰岩露頭
採掘地点 A
南北壁の形成
・石灰岩露頭の熱水鉱脈（採掘地点A）の採掘をおこなう。
・採掘地点Aの採掘で生じた破砕礫は斜面下方に捨てられ、ズリ場第 2 箇所を形成する。
第 2 段階
採掘地点 B
破砕礫が南北壁を埋める
・採掘地点Aで熱水鉱脈を採り終えると、採掘は採掘地点Bへ移動する。
・採掘地点Aは、採掘地点Bで生じた破砕礫の捨て場になる。
・破砕礫のなかには、破損した石杵が含まれる。
第 3 段階
・採掘地点Bの破砕礫でほぼ埋まった採掘地点Aでは石臼を用いた選鉱がおこなわれる。

図 35 ● 展開する採掘地点のイメージ
辰砂を採りつくすと、別の熱水鉱脈を求めて採掘地点が移動する。
第 1 トレンチ付近では斜面上方へ移動したとみられる。

3　採掘坑による方法もあった

暗所での発掘調査

つづいて、阿南市がおこなった遺跡北半部のチャート地帯の調査成果を紹介しよう。担当したのは向井公紀氏である。発掘対象に選ばれたのはズリ場第3箇所と、その斜面上方でみつかった横穴である（図25参照）。二カ所の横穴のうち一方の横穴は入ることができた。この横穴を採掘坑跡1とよび、斜面を一二メートル下ったところにある横穴を採掘坑跡2とよぶことにした。

ここでは重点的に調査が実施された採掘坑跡1をみよう。開口部は東側と南側の二カ所にある（図36）。人が出入りできる東側開口部からの奥行は一二・七メートル（図37）。東側開口部から三・五メートルの地点に南側開口部に通じる分岐があり、さらに六メートル進んだ地点で二股にわかれている。

東側開口部付近の大きさは幅一・二メートル、高

図36 ● 採掘坑跡1の東側開口部
チャートの露頭にぽっかりと空いた開口部。人が入れる東側開口部は採掘時の出入りに使用されたようだ。

さ〇・九メートルで、大人一人が這いながら進むことができる。坑内のもっとも広い中央付近でも幅三メートル、高さ一・三メートルほどである（図38）。

調査は、小型の三次元地上レーザー測量機をもち込んで坑内の形状を詳細に記録し、開口部と坑内に計五カ所の調査区が設定された（図39）。

床面を掘削すると、岩盤上に厚いところで二〇センチほど破砕礫が堆積していることがわかった。堆積中には破損した石杵だけでなく、石杵の剝片、辰砂原石が含まれており、ここで辰砂の採掘がおこなわれたことを物語っていた。

調査によって明らかとなった坑内の横断面は、両端部が尖るレンズ形を呈していた（図37B-B'）。じつは採掘坑跡の岩盤であるチャートの層理（堆積物

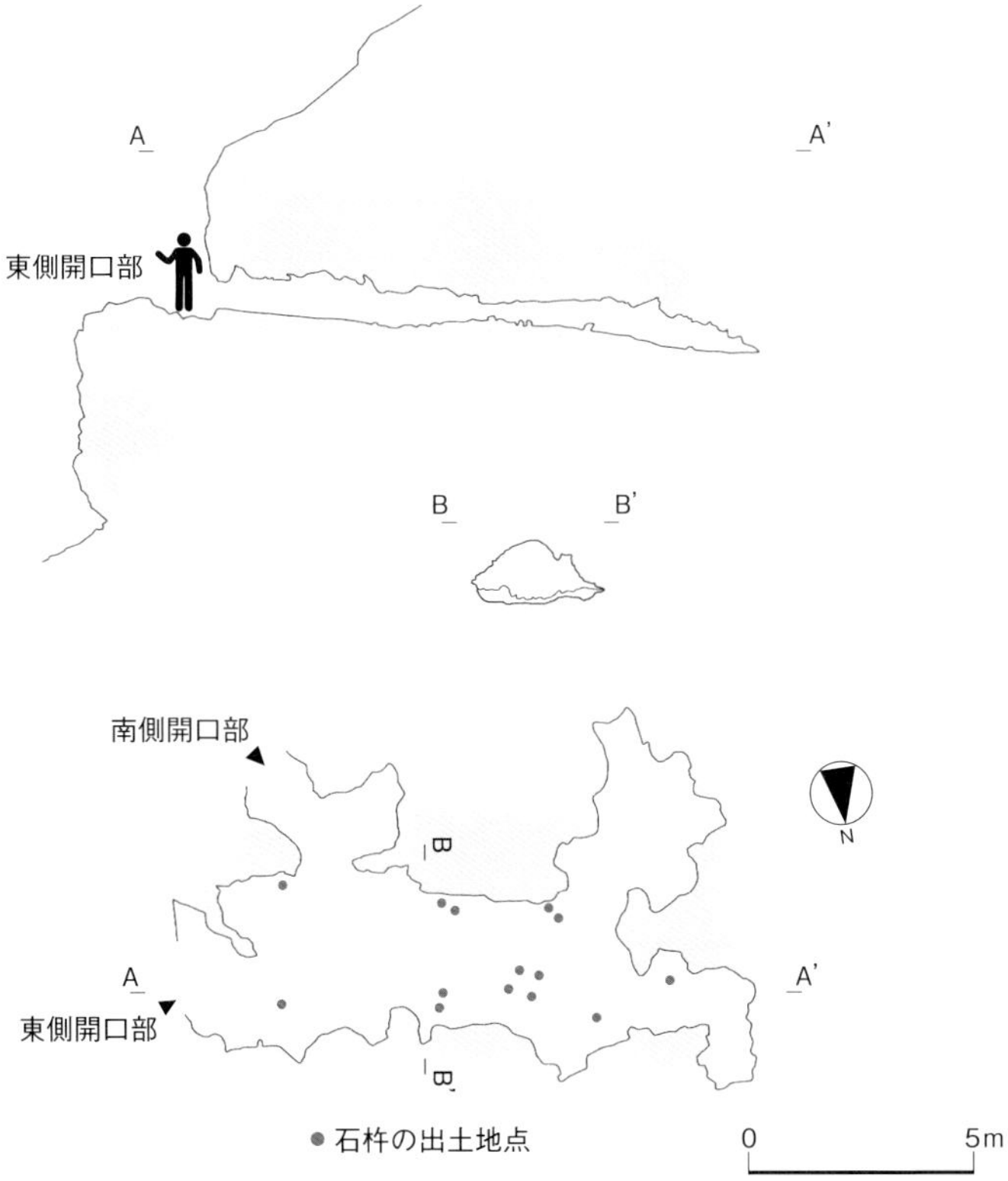

図37 ● 採掘坑跡1の平・断面図
不定形な平面形状は熱水鉱脈を追って掘り進んだ結果できた。
坑内は採掘作業ができる最小限のスペースが確保されている。

のなかにみられる成層構造）は隆起によって垂直方向に傾いている。観察の結果、端部で辰砂が含まれる熱水鉱脈が確認されていたので、層理と直行するように貫入する熱水鉱脈を追いかけて掘り進んでいたことがわかった。

坑内の発掘調査では弥生時代終末期に位置づけられる甕形土器片のほかに、中世の土師器《はじき》が出土した。したがって、弥生時代に採掘が開始されたとみられるが、後世に遺構の形状が改変されている可能性も考慮する必要が指摘されている。

ズリ場の調査

採掘坑跡の斜面下方に広がるズリ場でおこなわれた発掘調査では、予想されたとおり、チャートの破砕礫が岩盤上に堆積し、破損した石杵や辰砂原石を含んでいることが確認された。この破砕礫と採掘坑跡は岩質が一致しており、採掘で発生する破砕礫を斜面下方に廃棄したことは明らかであった。こうしてチャート地

図38●坑内中央部より奥をみる
発見時、坑内の床面には破砕礫が広がり、石杵が散布していた。

帯でも採掘地点とズリ場が一体の遺構であることが確かめられた。

ただ、ズリ場第3箇所は平面積およそ三〇〇〇平方メートルにおよぶ大規模なものである。これほどの破砕礫が二基の採掘坑だけで形成されたとは思えず、付近に地表面からうかがえない採掘場が存在する可能性は高いだろう。

採掘坑跡の意義と残された課題

採掘坑跡の調査は、弥生時代の採掘方法に露天採掘だけでなく、熱水鉱脈を追って岩盤を横方向に掘り進む方法があったことを明らかにした。しかしながら、近世の鉱山跡にみられる坑道（間歩《まぶ》）のように排水や崩落防止の施設は備えていなかったようだ。また、弥生時代の人びとが暗い坑内でどのように灯りを確保していたのか。こうした技術がどこからもたらされたのか。未解決な部分はまだ多い。

図39●坑内での発掘作業風景
狭くて日中でも懐中電灯が欠かせない坑内の発掘作業は困難をきわめた。

4 出土品からみた採掘の実態

土器からわかる操業期間

ここからは、出土品を対象におこなった調査の成果を示し、遺跡の理解を深めていきたい。

若杉山辰砂採掘遺跡の発掘調査では、壺、甕、鉢、高坏といった器種の土器が出土している。それぞれの形は集落遺跡で出土する土器と同じだが、構成比にちがいがある。**図40**は若杉山辰砂採掘遺跡と同時期の集落遺跡である徳島市の矢野遺跡における器種構成を示している。これをみると、採掘遺跡では甕が少ないことに気づく。一般的に煮炊きに使う甕が少ないことは、ここが居住の場ではなく、労働の場であったことをあらわしている。

土器型式から製作時期を特定すると、弥生時代後期前葉から古墳時代初頭まで、およそ二五〇年の幅がある。なかでも弥生時代後期後半から終末期の土器が目立ち、このころが採掘の最盛期であったと考えられる。

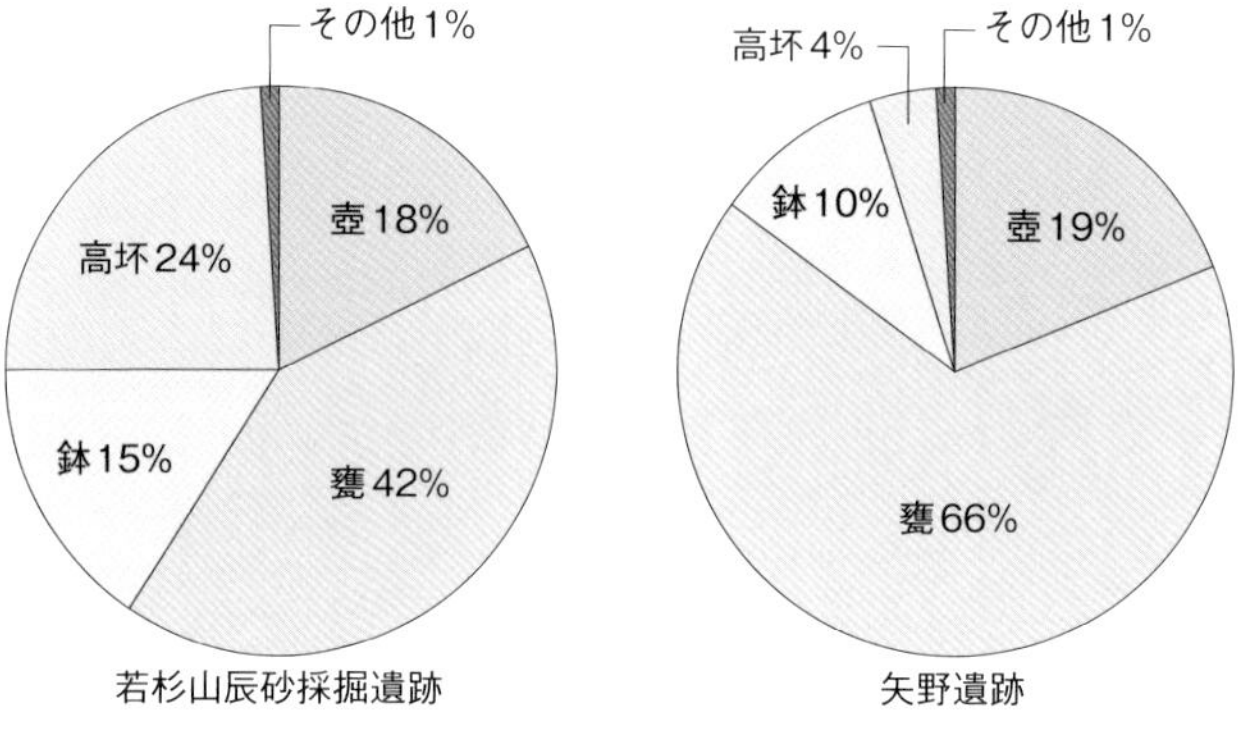

図40 ● 土器の器種構成
採掘遺跡では集落遺跡にくらべて調理具の甕が少ない。
高坏の比率が高いが、その理由はわかっていない。

辰砂が付着した土器

土器のなかには辰砂が付着したものがある。どれも小片だがすべての器種に認められる。辰砂が付着する部位を調べると、内面だけに付着するものが八九パーセント、内面と外面の両方に付着するものが八パーセント、外面だけに付着するものが三パーセントとなり、圧倒的に内面に付着する場合が多い。

これらの土器は、第１章で紹介した外面を彩る赤彩土器ではなく、採掘した辰砂を入れる容器であったと考えられる。付着している辰砂はどれも細かい粉体になっているため、顔料の朱に近い状態で入れられていたと思われる。

採掘対象となった熱水鉱脈の産状

発掘調査で出土する辰砂原石からは、どういった産状の熱水鉱脈を採掘対象としていたのかを知ることができる。辰砂をともなう熱水鉱脈の母岩には石灰岩、チャート、砂岩がある。図41①は露天採掘跡で出土した石灰岩を母岩とする熱水鉱脈で、一三ミリを最大とする辰砂粒が点々と含まれている。これでも発掘調査で確認された最大の辰砂粒である。図41②は割れたチャートの表面に一ミリ以下の辰砂粒が無数に付着している。

こうした出土品によって、弥生時代は熱水鉱脈中にまばらに含まれる辰砂粒や、母岩の割れ目に貫入した極小粒の辰砂を採掘していたことがわかった。一握りの辰砂の獲得には膨大な時間と労力が費やされたことだろう。弥生人の執念に驚かされるばかりである。

主要な採掘道具は石器

さて、弥生時代は鉄の道具の使用が開始された時代である。徳島県では中期中葉になると集落遺跡で鉄鏃の出土が散見され、中期末から後期初頭になると出土数が急増し、ヤリガンナ、鉄斧、刀子、鋤先、錐状工具といった器種が加わる。

この時期、鍛冶炉を設ける竪穴建物が確認されているので、鉄器の生産や加工がおこなわれていたことは疑いない。そのため二〇一七年から実施した発掘調査でも、辰砂採掘に鉄器が使用された可能性が念頭におかれた。ところが、遺物はおろか遺構にも鉄器の使用を示す痕跡は認められなかった。現在知られている鉄器は徳島県博物館の発掘調査でみつかったヤリガンナの破片ただ一つ。とうていこの細い鉄器で硬い岩盤を掘り進んだとは思えない。一方で石杵はいたるところで出土し、四〇〇点を超えている。採掘に使用された主要な道具は石器であったと考えざるを得ない。

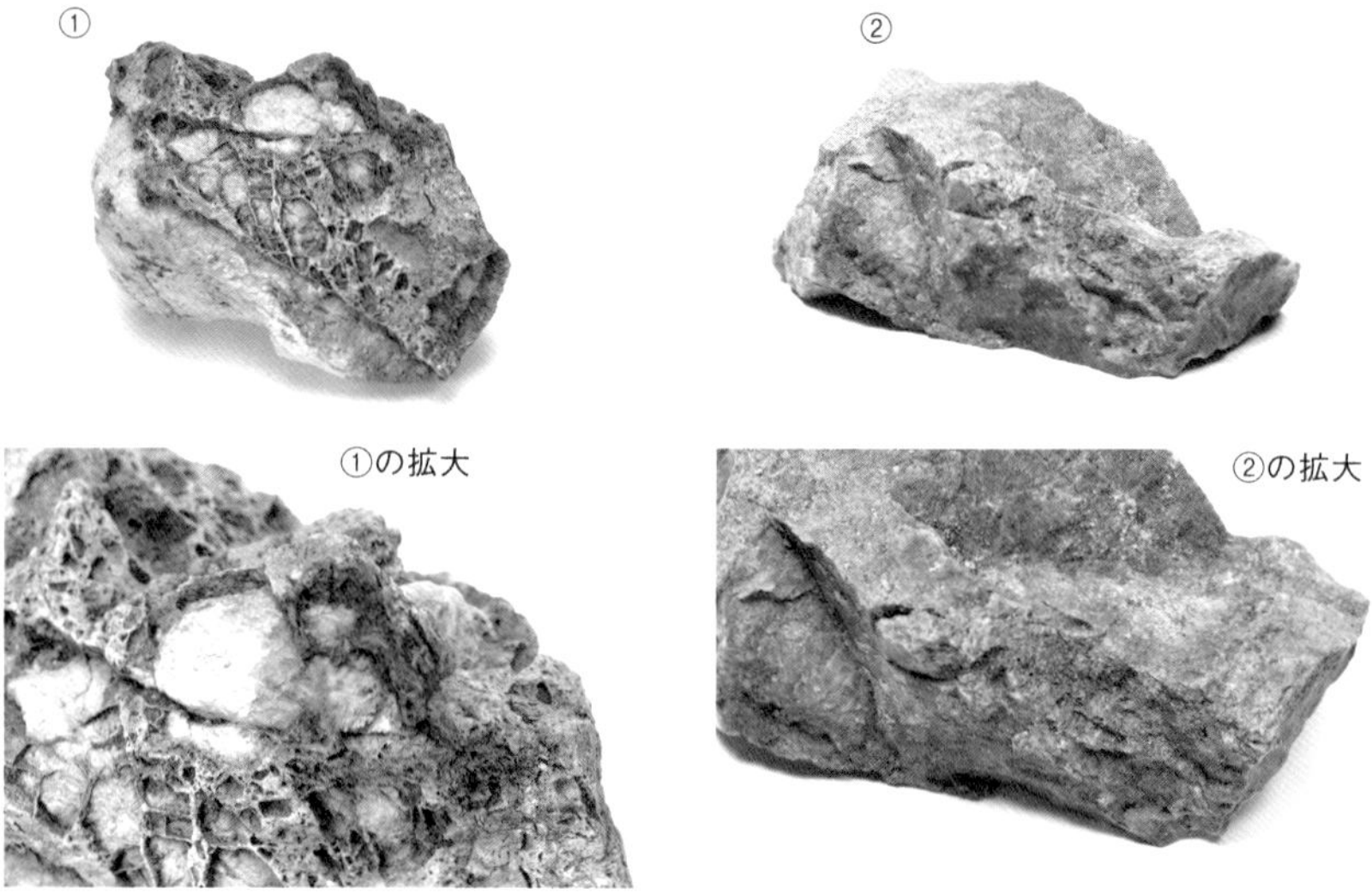

図41 ● 採掘対象となった熱水鉱脈の産状
①は石灰岩、②はチャートを母岩としている。露天採掘跡で出土した①の熱水鉱脈は石英（網目状の部分）を主体とし、そのなかに点々と辰砂粒が含まれる。

石杵・石臼の石材の産地は

石杵と石臼にはいくつか石材がある。石杵の多くは近くの那賀川で採取できる砂岩の円礫が使用されているのだが、およそ一割の比率で付近では産出しない玢岩《ひんがん》とよばれる火成岩（マグマが冷えて固まった岩石）が含まれている（図42）。この玢岩はどこから来たのか。休日に上司の早渕隆人氏と火成岩類が多く分布する香川県東部の河川や海岸をめぐった。

いくつかの露頭や河川敷を歩いてみたが、石杵に使えそうな玢岩はそう簡単にみつからず、なかばあきらめかけてむかった東かがわ市鹿浦越《かぶらごし》の塩越海岸に下り立ったとき、思わず「あっ」と顔を見合わせた。海岸一面がさがし求めた玢岩で埋めつくされていたからだ。その後、塩越海岸の玢岩は石田氏によって、斑晶（肉眼でみえる鉱物の結晶）の特徴、色合い、大きさ、円磨度、風化鮮度といった項目が若杉山辰砂採掘遺跡出土の玢岩と一致することが確かめられ、一躍、有力な採取候補地にあげられるようになった。

では、どうしてわざわざ遠方から石杵をもち込んでいたのか。その理由を知るため、わたしたちは砂岩と玢岩で石杵をつくり、それぞれで石灰岩を砕いてみた。すると、砂岩は堆積の過程で生じた層理から破損しやすいのに対し、玢岩は石

図42 ● 遺跡で出土した玢岩の石杵
表面は滑らかで斜長石と角閃石の斑晶を多く含んでいる。

基（斑晶をとりかこむガラス質の部分）が緻密で衝撃に強く、使用を重ねるほどに磨耗していくが破損することがなかった。実際に出土品をみても、砂岩の石杵は竹を割るように長軸方向に大きく破損したものが目立つが、玢岩の石杵はまだ使えそうなものが少なくない。玢岩は採掘に適したストーンハンマーとして四〇キロ離れた香川県の沿岸部から運ばれてきたと考えられた。

一方、石臼の石材には砂岩と石灰岩が使用されている。砂岩の石臼は遺跡の下を流れる若杉谷川で地面にすえやすい扁平な石を拾ってきたのであろう。対して石灰岩はどれも角ばって形が整わないものばかり。重い石臼は採掘場で調達することが多かったようだ。

採掘道具の種類と機能

石杵と石臼は自然石を未加工で使用している石器で、どれをとっても同じものはない。石杵は長さ一〇センチに満たない一〇〇グラム以下のものから、とても片手では扱えないような六キロを超えるものまでさまざまだ。また、石臼は一・六キロを最小に、最大のものは長軸五八・二センチ、短軸四四・五センチ、重さ四五・九キロもあり、こうなると一人では運ぶことすらできない。

こうした石器の器面には、打撃によって生じるくぼみが集中する「敲打痕」、激しい打撃によって欠けてしまった「剥離痕」、石がこすれて筋状の傷になった「擦痕」といった使用痕が残っている。

形や大きさのちがいは辰砂採掘のあらゆる作業に適応するために石材を選んだ結果であろうし、使用痕のちがいはそれが実際どのような作業に使用されたのかを反映している。こうした特徴を考えあわせ、同じ機能を備えるグループに分けてみた。すると図43のように、石杵と石臼にはそれぞれ三種類の使い分けがみられることがわかった。

採掘作業の復元

こうして考えられた各種石器の使い分けと発掘調査で明らかとなった採掘の各過程を整合的に検討することで、具体的な採掘作業がつぎのように復元できた（図44）。まず、石杵を岩盤に打ちつけて熱水鉱脈を掘

採掘道具の種類		特徴と使用方法	使用例	使用痕の特徴
石杵	敲石《たたきいし》	川原石などの円礫を用いた礫石器。岩塊を砕くことに使用したと考えられる。 柄などに装着した痕跡は認められず、素手で握り、上下運動の打撃により岩塊を砕く。		不定形の敲打痕が密集する。 敲打痕の大きさのちがいは、破砕の対象となった岩塊の大きさや、打撃の強弱を反映している。
	潰石《つぶしいし》	敲石と同様の打撃に加え、前後運動や回転運動によって小礫を細かく潰すために用いたと考えられる。		敲石と同様に敲打痕がみられるが、角がとれ丸みがある。 反復運動をともなうため使用面と未使用面の境に明瞭な稜線が生じる。小礫がこすれてできた擦痕を残す場合がある。
	磨石《すりいし》	前後運動や回転運動によって細粒を粉末化する。この際、打撃はともなわない。		使用箇所は凹凸がなく、円滑な平坦面や曲面を呈する。擦痕が残る。
石臼	敲台《たたきだい》	敲石とセットになり、岩塊を砕く台。	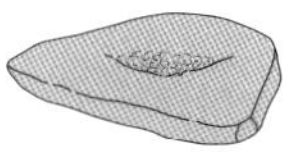	敲石と同様に、打撃によって生じた敲打痕が残る。
	凹台《くぼみだい》	敲石や潰石とセットになり、小礫を細かく潰す台。 大きさはさまざまで、1つの台に複数の凹部が形成される場合がある。	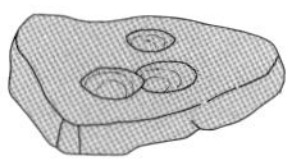	敲石とセットで使用された場合は、凹部内に敲打痕が残る。
	磨台《すりだい》	磨石とセットになり、細粒を粉末化するための台。 きめの細かい砂岩質の石材が多い。		使用箇所は凹凸がなく、平坦面や曲面を呈する。擦痕が残る。

図43 ● 採掘道具の種類と機能による分類

り進む「掘削」がおこなわれる。強い打撃が求められるこの作業には二キロ以上ある大型の敲石《たたきいし》を用いたであろう。

熱水鉱脈を含んだ岩塊が集まると、つぎは余分な母岩をとり除く「敲き」がおこなわれる。この作業では、敲台《たたきだい》の上においた岩塊を敲石を使って勢いよく敲き割っていく。このとき、香川県の沿岸部からもち込まれた玢岩が重宝されたことだろう。

岩塊を二〜三センチ大の小礫に敲き割ると、小礫のなかから辰砂を含む熱水鉱脈を拾い集める。つぎは、小礫をさらに細かい二〜五ミリほどの細粒に砕いていく「潰し」の作業である。このときに使用されるのが片手で握れる小型の潰石《つぶしいし》と凹台《くぼみだい》のセットである。凹部に入れられた小礫は敲いても飛び散らず、作業の効率を上げたであろう。

最後に、細粒を粉末にする「磨り」の作業がおこなわれる。このときに使用されるのが、面をもつ磨石《すりいし》と磨台《すりだい》のセットである。出土遺物から、きめの細かい砂岩を選択していることがうかがえる。

このように弥生時代は岩塊を粉末にすることで辰砂と不要

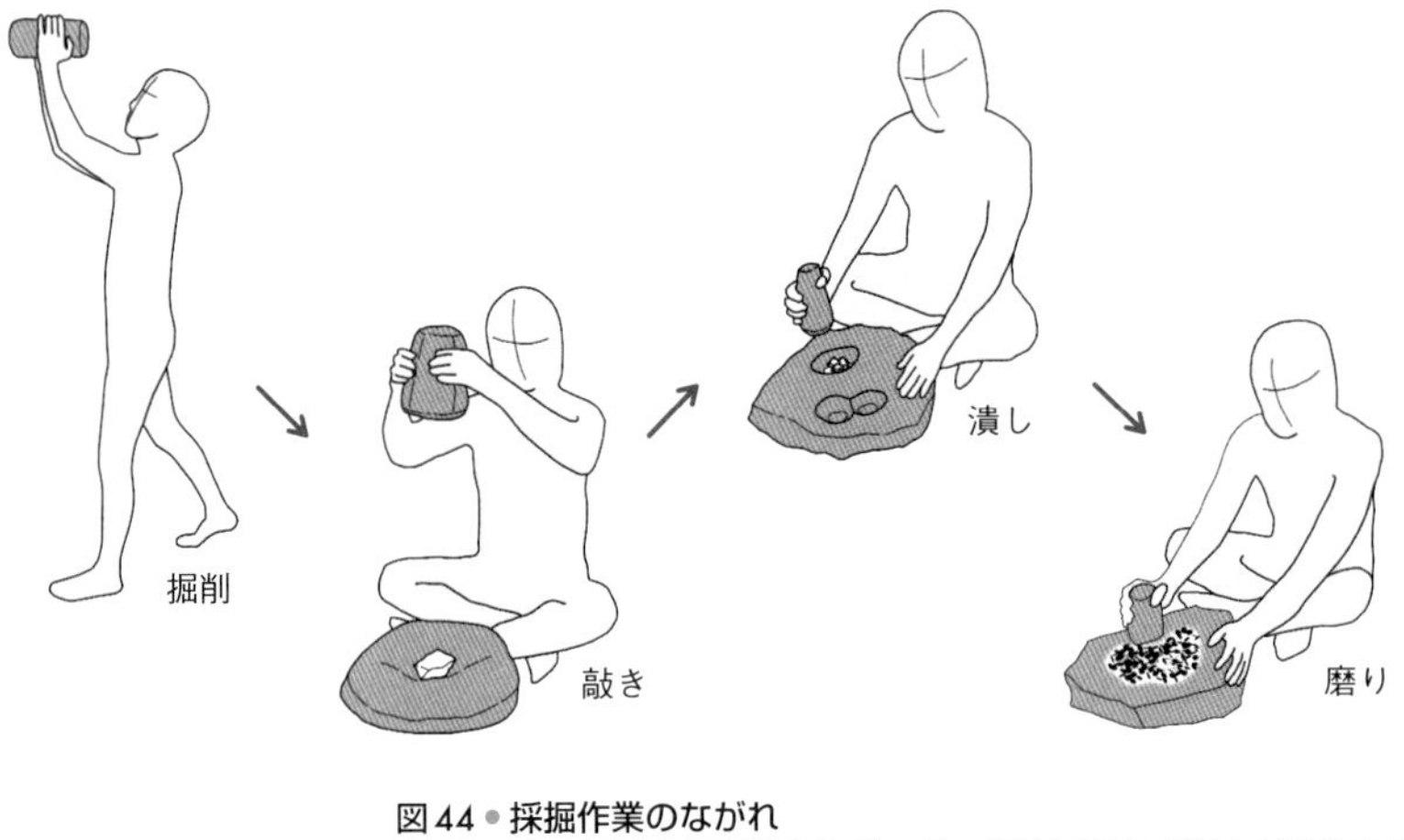

図44 ● 採掘作業のながれ
①は鉱脈を掘り進む作業。②〜③は辰砂と不要な母岩や鉱物を選別する作業にあたるので「選鉱」とよんでいる。

な母岩や鉱物を分離していたとみられる。「敲き→潰し→磨り」という工程はまさに「選鉱」とよべる作業内容である。復元された採掘作業は石器だけでやり遂げることができるので、鉄器が必須の道具にならなかったと考えている。

ところで、若杉山辰砂採掘遺跡では敲石に使用された石杵の半数近くが潰石や磨石にも使用されたことがわかっている。これは石杵の異なる部位で機能を使い分ける例や、敲きによって磨耗し平坦になった部分を潰しや磨りに転用する例がことのほか多いことを意味している。

近世以降の鉱山道具をみると、それぞれの工程で専用の道具が設けられているが、そうした傾向は弥生時

図45 ● 露天採掘場の風景（画：小礒涼子）
わたしたちがおこなった採掘作業の再現では、採掘者には技能の習得度や体力ばかりではなく、一定の作業を根気よくていねいに継続することも求められることがわかった。また後述するように、採掘には食事面などサポートがあったことも明らかなので、性別を問わずさまざまな世代がかかわっていたと想定して描いている。

代にみられない。ともすれば未熟な採掘道具と思われがちだが、円礫は単純な形状のためにさまざまな機能を備えることができているのも事実だ。応用のきく石器はあえて採掘道具に選ばれていた可能性がある。

みえてきた採掘場の風景

ここまでの調査成果をよりどころに弥生時代の露天採掘場の風景を描いてみた（図45）。中央の二人の人物は大型の石杵を使って熱水鉱脈を掘り進んでいる。彼らが掘りとった破砕礫は辰砂を含む礫と含まない礫に分けられ、辰砂を含まない礫は左の人物が斜面下に廃棄している。こうした不要な破砕礫が堆積してズリ場が形成された。

一方、辰砂を含む礫は、右隣りでおこなわれている選鉱にまわされる。ここでは、石杵と石臼を使って、母岩をとり除く作業や、熱水鉱脈をすり潰して粉末に加工する作業がおこなわれている。

なお、できあがった粉末には辰砂だけでなく石灰岩や熱水鉱脈中の不要鉱物がまだ多く含まれていたはずである。ここから辰砂のみを回収する方法は、水中での沈降速度の差を利用した水簸《すいひ》が有力視されているが、現在出土している遺物から実証できていない。

5　採掘していたのは誰だ

土器からみえる採掘集団

さきにみた器種が特定できた三三〇点あまりの土器は、ルーペや実体顕微鏡を使って胎土の特徴を観察している。

土器は基本的にふだん生活している集落でつくられるため、集落の場所が異なれば素材となる粘土にちがいができる。これは胎土に含まれる鉱物をみきわめることで土器がつくられたおよその地域を特定しようとする試みである。

調査の結果、採掘遺跡で出土する土器には四種類の胎土が認められた（図46）。胎土１類とするものは三波川《さんばがわ》変成帯（中央構造線の外帯に接する変成岩帯）の結晶片岩の細粒を含むことから、徳島市や石井町あたりの鮎喰川《あくいがわ》下流域でつくられたと考えられる（図10参照）。胎土２類とするものは長石や石英といった砂岩に含まれる鉱物が目立つことから、付加体堆積岩類に由来する土砂が堆積する那賀川流域でつくられた地元産の土器と考えられた。胎土３類とするものは赤色や黒色の鉱物を含む特徴的な胎土であるが、徳島県であまり目にしない胎土のため製作地を特定できていない。最後に胎土４類とするものは火成岩に含まれる角閃石と金雲母を多く含むことや、土器型式の特徴から香川県高松市の香東川《こうとうがわ》下流域でつくられた讃岐産の土器であることがわかった。このほか、山陰地方や畿内地域の特徴をもつ土器がわずかに確認されている。つまり、若杉山辰砂採掘遺跡には地元産の土器のほかに、少なくとも五つの地域の土器がもち込まれていることになる。

それらの土器の比率を調べると、鮎喰川下流域産が五九パーセント、那賀川流域産が二三パーセント、製作地不明が一一パーセント、讃岐産が六パーセント、山陰系および畿内系が一パーセントとなった。意外なことに地元産の土器は全体の四分の一程度にとどまり、半数以上が遺跡から二〇キロ近く離れた鮎喰川下流域産の土器で占められていたのだ。これを受け、辰砂の採掘には鮎喰川下流域に生活の拠点をおく集団が積極的に関与していたと考えられるようになった。

採掘人の食事事情

ちなみに発掘調査では、貝殻、魚骨、獣骨といった自然遺物も出土している。それらは採掘に従事した人びとの食事事情をうかがわせる。

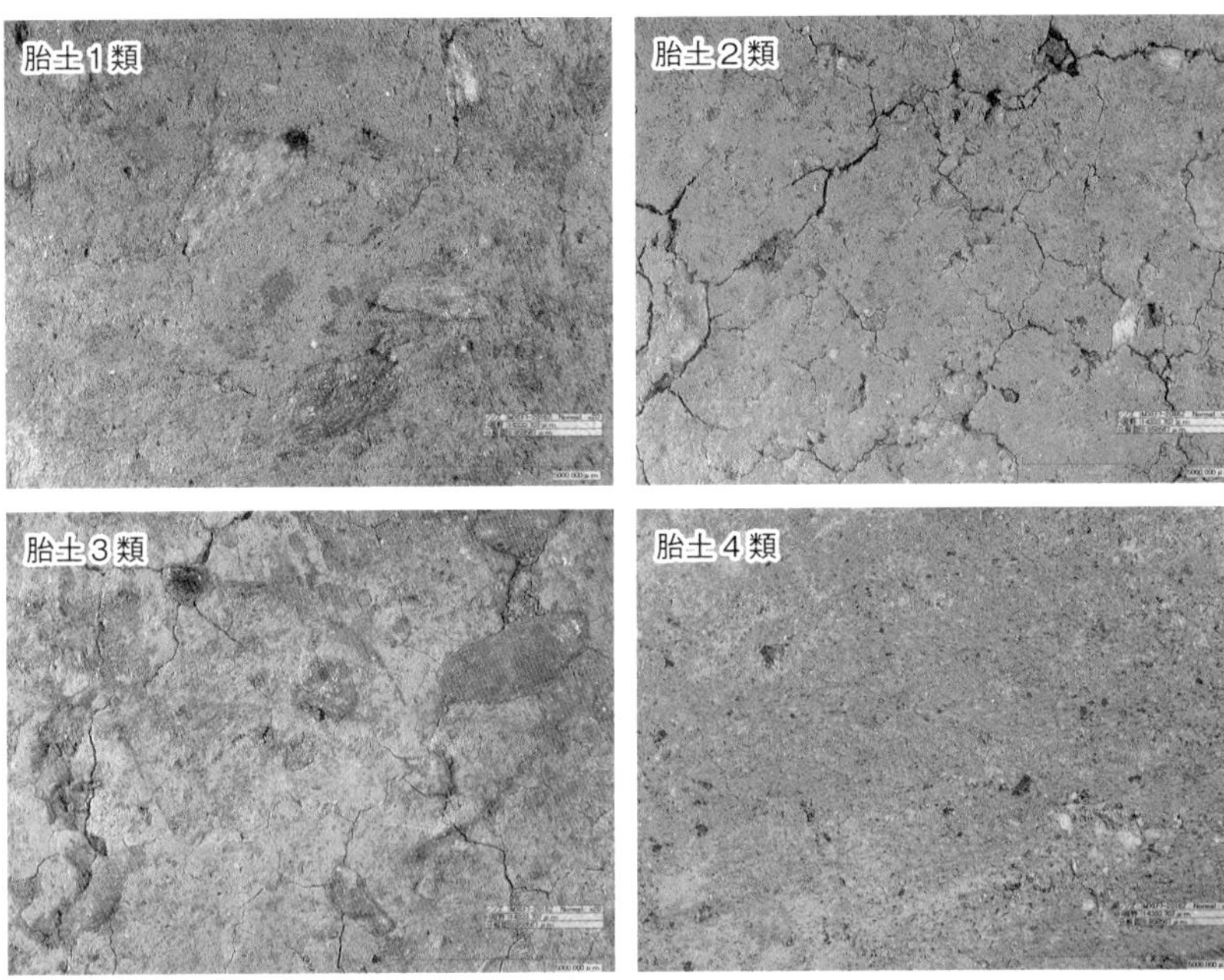

図46 ● 出土した土器に含まれる鉱物
胎土1類：鮎喰川下流域産、胎土2類：那賀川流域産、胎土3類：製作地不明、胎土4類：香東川下流域産。

貝殻には淡水産のオオタニシ・マシジミのほか、汽水産のマガキ、海水産のレイシガイ・ハイガイ・ハマグリ・アカニシ・サザエが含まれている。沿岸部で採取した貝をもち込んでいたようだ。同様に、魚骨にも淡水魚のナマズ、海水魚のブリ・サメ・ガンダイ・テングダイ・クロダイがみられる。また、獣骨ではシカ・イノシシ・タヌキ・ノウサギ・イヌがみつかっており、シカの肩甲骨には解体時についたとみられる切痕が残っていた。

遺跡からは煮炊きに使う甕形土器も出土しているので、食事は現地で調理されていた可能性が高い。作業の合間にとる食事はどれほど楽しみだったことだろう。

採掘人の社会的地位

辰砂採掘は、どのような社会的地位の人びとが担っていたのだろうか。採掘人について、かつては首長層の強い要請によって、自身の意思に反して労働に従事したと想定する意見も提示されたが、現在は異なる見方も考えられる。

若杉山辰砂採掘遺跡から直線距離で三キロほどの那賀川河岸段丘上にある深瀬遺跡は、採掘人の足跡をたどれる重要な遺跡である。これまでに計画的に配置された弥生時代後期の土壙墓が六基みつかっている。限られた面積の調査成果であるため墓域の全容は不明だが、墳丘をもたない土壙墓群が展開すると予想される。

土壙墓の一つには、朱が付着した石杵が副葬されていた。また、別の土壙墓には細頸壺、小型短頸壺各一点と高坏二点が供献されており、これらの土器に朱が付着しているので葬送時に朱をほどこす儀礼がおこなわれたとみられる（図47）。

これらの墓は、どれも土壙内に川原石を配し、小石室状の施設を築くという埋葬形式が採用されているので、同じ社会的地位にあった人が葬られたと思われる。わたしは葬送に朱が使用されていることや、採掘道具の石杵が副葬されていることを重視し、被葬者が辰砂の採掘に携わった人物であったと考えている。

なかでも特筆したいのは、供献土器が鮎喰川下流域産と香川県香東川下流域産の土器で構成されていることだ。被葬者は採掘に関与していた両地域の集団によって手厚く葬送されたことがわかる。

こうした想定が正しければ、辰砂の産状を熟知し、採掘に必要な作業を的確にこなす技能にたける採掘人は、貴重な朱を生産するために必要不可欠とされた存在だったのではないだろうか。

図47 ● 深瀬遺跡の土壙墓（SK2016）
長さ2.0m、幅1.1mの墓壙内部に那賀川で採取した砂岩の川原石を配し、小石室状の施設を築いている。

第４章　朱の生産にせまる

1　辰砂はどこへ

若杉山辰砂採掘遺跡で採掘された辰砂は、どこに運ばれていったのか。これは遺跡の評価にかかわる重要な事柄でありながら不明な部分が多い。顔料として使用される辰砂には考古学が得意とする型式学的研究法が適用できないため、流通先を把握するのはむずかしいのだ。こうした状況でも、実態を明らかにしようとする意欲的な研究を紹介しよう。

その一つに、近畿大学の南武志氏の研究グループによる、辰砂（朱）の構成元素である硫黄の同位体から産地を推定する試みがある。硫黄には質量の異なる四つの安定同位体があり、産地が異なれば安定同位体の構成比率にちがいがみられるという。

南氏は、古墳時代以前に辰砂採掘をおこなっていたと考えられる三重県の丹生鉱山、奈良県の大和水銀鉱山、徳島県の水井鉱山と、中国貴州省の万山鉱山、陝西省の青銅溝鉱山の五つの鉱山で産出する辰砂の硫黄同位体比の測定値と、遺跡で出土した朱の測定値を比較することで、産地と消費地をつなぎ合わせる研究を進めている。

近年、香川県で実施された調査では、弥生時代後期から終末期に、国内産と中国産の両方の朱が使用されたと想定されている。現在のところ、国内産の産地識別は判然としないようだが、水井鉱山付近で採掘された辰砂から生産された朱が瀬戸内地域にもたらされていた可能性を示唆する内容である。

銅鐸研究から徳島産の朱の搬出先にせまった研究もある。菅原康夫氏は、若杉山辰砂採掘遺跡がある那賀川・桑野川流域が銅鐸の多出地域であり、それらが水銀鉱床をとりかこむように分布している点に注目する。このうち勢合《せいごう》銅鐸、長者ヶ原銅鐸、曲り銅鐸（扁平鈕式銅鐸）と田村谷銅鐸（突線鈕式銅鐸）は、文様や製作方法の特徴から瀬戸内東部の製品とみられ、朱の見返り品として継続的に徳島南部にもたらされていた可能性があることを指摘している。朱がどういった価値で交換されていたのかを考えるうえでも興味深い研究といえる。

2　朱をつくる弥生人

朱の用途と広がり

ここからは、辰砂から生産された朱が徳島県内でどのように使用されていたのかをくわしくみていくことにしよう。

徳島市の延命《えんめい》遺跡では、直径一五メートルの円形墳丘墓を中心に二〇基あまりの土器棺、土壙墓、集石墓が確認されている。墳丘墓で検出された三基の埋葬施設のうち、一つの竪穴式石槨の木棺推定部から朱が検出されている（図48）。被葬者の頭部付近に朱をほどこす儀礼がおこなわれたとみられる。この竪穴式石槨以外の埋葬施設では朱が検出されておらず、葬送で朱を使用できたのは社会的上位者に限られていたようだ。

また、奈良大学の魚島純一氏は、徳島市名東《みょうどう》町で出土した名東銅鐸、阿南市阿瀬比《あせび》町で出土した長者ヶ原銅鐸にごく少量の朱が付着することをつきとめている。農耕祭祀にかかわる道具とされる銅鐸に朱が付着する理由は明らかにされていないが、銅鐸と朱を一緒に使用する場面を想像させる。

集落遺跡で出土する石杵と石臼の用途

こうした事例は朱が葬送や宗教的な儀礼と結びついていたというイメージを普及させているが、実際は用途の

図48 ● 延命遺跡でみつかった墳丘墓の竪穴式石槨（ET1）
長さ3.8m、幅1.4mの墓壙の内部に結晶片岩を積み上げて石槨を構築している。
床面の形状から舟形の木棺が納められていたと考えられている。

一部にすぎない。弥生時代の朱にかんする資料でもっとも多いのは朱が付着する石器や土器で、地域によって粗密はあるが県内の広範囲に分布している（図49）。これらはいったい何に使われたのだろうか。

まず石器に注目してみよう。朱が付着した石器には石杵と石臼の二種類がある。前章で扱った採掘道具と同じ呼び名であるが、使用痕を比較するとちがいは歴然としている。

若杉山辰砂採掘遺跡で出土した欠損の少ない石杵七九点を観察すると、最終的な使用痕が敲打痕であるものが四三点、敲打痕を消すように擦痕が生じるものが三六点ある。これに対し、弥生時代中期後半から古墳時代初頭の集落遺跡で出土している石

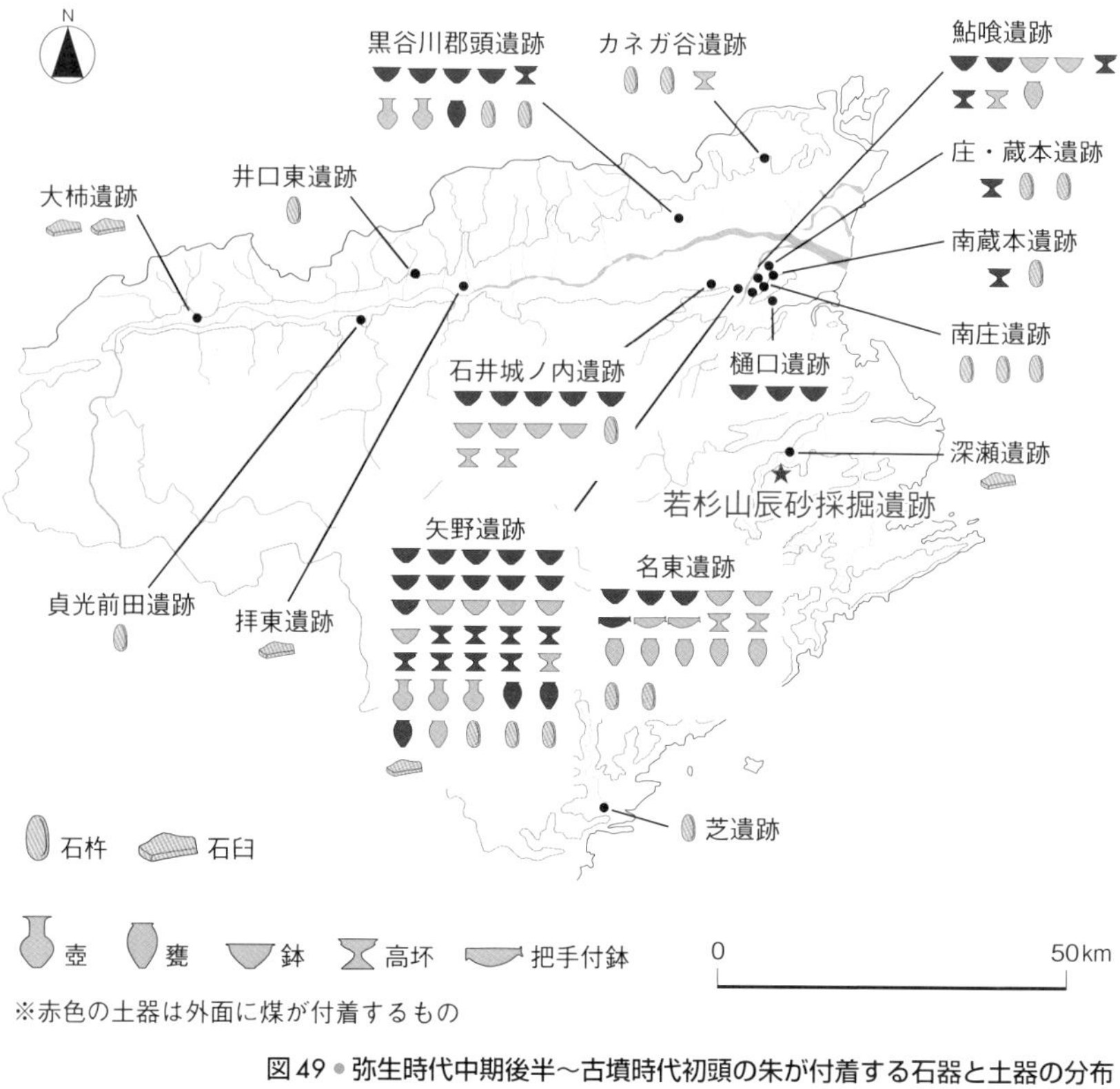

図49●弥生時代中期後半〜古墳時代初頭の朱が付着する石器と土器の分布
徳島市域を中心に西は三好市、南は海陽町まで分布している。

杵一三点の使用痕はすべて擦痕があり、図43の分類では磨石に相当する。

同様に、集落遺跡で出土する石臼は磨台に相当するものばかりで、採掘遺跡でみられるような礫を敲いたことを示す敲打痕がみあたらない。つまり、集落遺跡で出土する石杵と石臼の機能は朱を磨ることに特化しているのである。

しかし、採掘遺跡の調査から、すでに粉末になった辰砂が搬出されていたと考えられるにもかかわらず、なぜ集落でさらに朱を磨る必要があったのだろうか。

その理由を確かめるために、あらかじめ製作しておいた砂岩の石杵と石臼を使って、市販の辰砂粒をすり潰す実験を試みた。すると、はじめは赤黒い色を呈していた辰砂が、たちまちあざやかな赤色に変色して驚かされた（図50）。

この原因は辰砂の粒度が細かくなることで、反射する光の量に変化が生じるためであった。いまとなっては科学的に説明できる現象だが、この様子を目のあたりにした弥生人は神秘的に感じたのではなかろうか。

思い出してほしい。露天採掘跡でみつかった辰砂の粒は顔料として使用するには大きく、赤黒い色調を呈していた（図30・41）。集落遺跡で出土する石杵と石臼は、採掘された辰砂をすり潰して顔料に適した粒度に加工するとともに、よりあざやかな赤色に色調調整する道具であったのだろう。

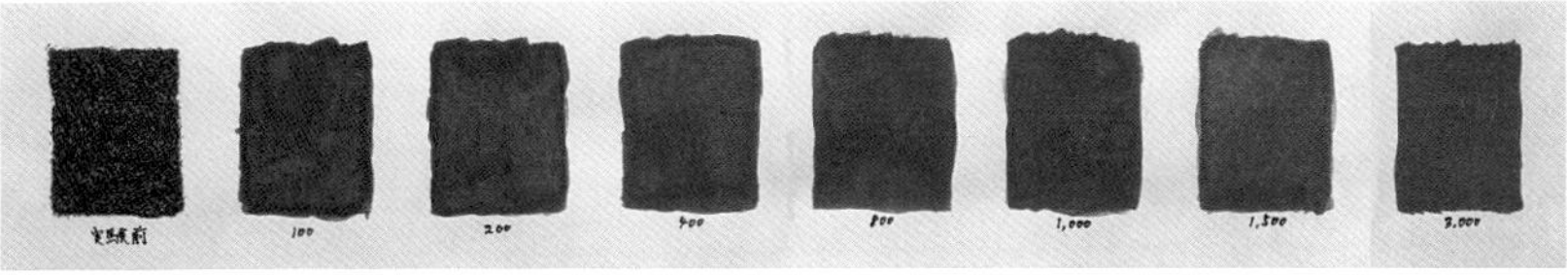

図50 ● 実験ですり潰した辰砂
左から右へすり潰す回数を増やすと、赤色があざやかになっていることがわかる。実験では採掘対象となっていた辰砂粒に近い0.7mmほど（左端）の細粒を使用した。

集落遺跡で出土する内面朱付着土器

つづいて土器に注目してみよう。本書の冒頭で、土器の外面に赤色顔料を塗った赤彩土器を紹介した。しかし、こうした使用方法には地域差があって、県内で流行した様子はみられない。徳島県で出土する朱付着土器は、どれも内面に朱が付着する「内面朱付着土器」とよばれるものばかりだ。

内面朱付着土器の名づけ親の本田光子氏は、おもな特徴に朱が土器のヒビなど胎土深くに染み込むことや外面に煤が付着するものが多いことをあげている。さらに、大久保徹也氏によって、器種の多くが注ぎ口や把手のつく鉢形土器であり、液体の攪拌や分配に適していることが指摘されている。

県内で出土した内面朱付着土器を観察すると、全体の六割以上を鉢形土器が占め、外面に煤が付着していた。また、器面に生じたヒビに朱が染み込んでいる土器片や、外面に口縁部から朱が垂れた痕跡を残す土器が確認され、本田氏や大久保氏が考えたとおり、内面朱付着土器には朱と液体が一緒に入れられて加熱されていたことが再認できた（図51）。

さて、この内面朱付着土器の用途をめぐってはさまざまな見解が提示されてきた。古代中国の神仙思想にみられる服用することによって不老不死の仙人になれるとされる仙薬を調合するときに用いたとする「仙薬調合容器説」、朱を生産する過程で使用したとする「辰砂精製容器説」、集落内でおこなわれた祭祀や儀礼に使われたとする「祭儀用土器説」がある。

どれも魅力的で引きつけられる見解である。だが、この時期の祭器化した青銅器の分布をみても、近畿地方を中心とした銅鐸の分布圏と九州・瀬戸内地域を中心とする武器形青銅器の分布圏があり、西日本で共通する祭祀がおこなわれていたとは考えがたいのが現実だ。九州地方から東海地方にかけて広域に分布する内面朱付着土器を宗教的な行為の所産と決めるには慎重にならざるを得ない。また、辰砂精製容器とする考えも、流通している辰砂の形状が検証されていないので、賛同できるものではなかった。では、いったい何に使ったのか。

朱塗り木製品の彩色方法

完全に行きづまり、他県の朱の使用例を調べているとき、鳥取県鳥取市の青谷上寺地《あおやかみじち》遺跡の発掘調査報告書に掲載されている朱塗り木製品の写真が目にとまった（**図52**）。それは花弁高杯とよばれる木製品で、器面全体にあざやかな朱が塗られていた。青谷上寺地遺跡はこうした精製容器を生産していた集落遺跡と考えられている。

図51 ● 矢野遺跡で出土した内面朱付着土器
内面に朱がべったりと付着し、外面には煤が付着している。
左奥と右奥の鉢形土器には注ぎ口がつくり出されている。

報告書では彩色方法についても検討が加えられていた。図53は朱が塗られた木製品の断面の顕微鏡写真である。左は漆を使った彩色方法で、木胎に下方から、炭を混ぜた黒漆、透き漆、朱を混ぜた朱漆の順で塗り重ねている。鉱物の粉末である朱は、それ自体に接着力がないため、固着剤となる漆に混ぜて使用しているのだ。一方、右は木胎へじかに朱が塗られている。漆成分を検出しておらず、なんらかの固着剤が使われていることはまちがいないのだが、その素材は不明とされていた。花弁高杯にはこうした彩色方法が採られている。

そこで思いあたったのが、いまも日本画に受け継がれているニカワを使った彩色方法である。日本画は、鉱物をすり潰して粉末にした顔料を

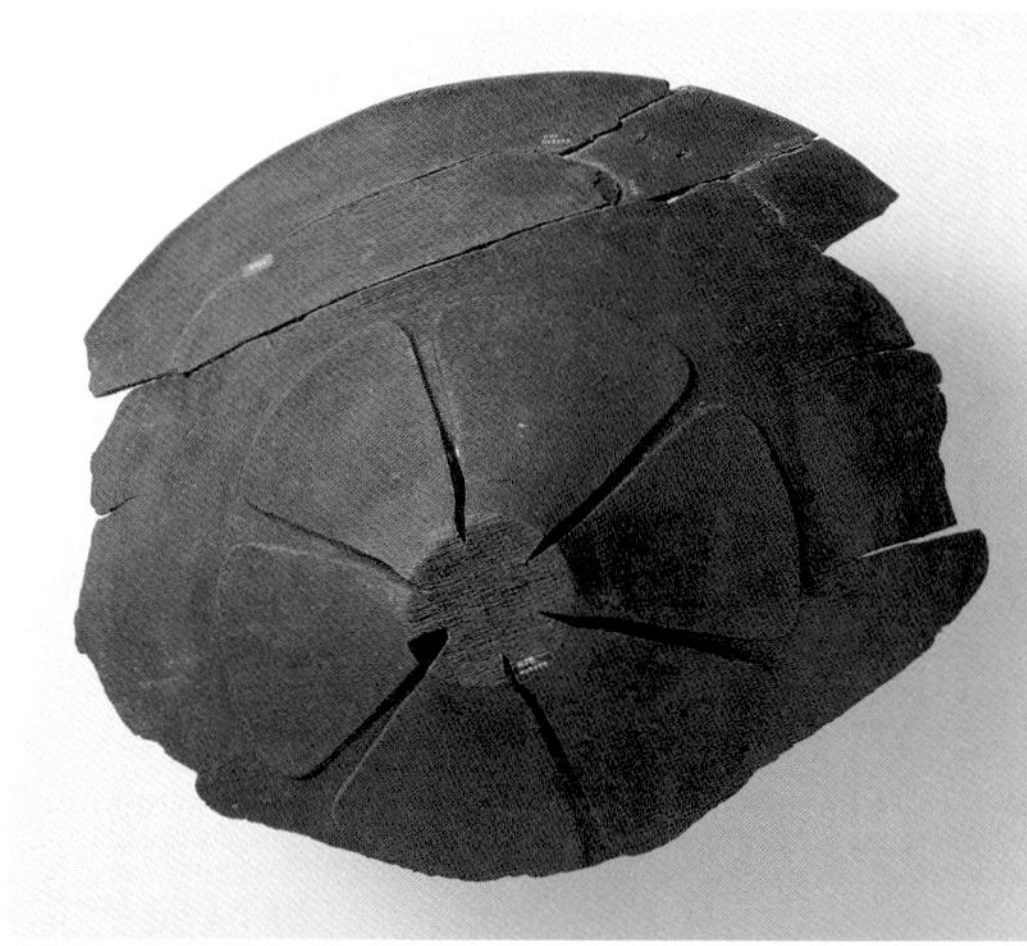

図52 ● 青谷上寺地遺跡（鳥取県鳥取市）**出土の花弁高杯**
写真は杯部を下から撮影したもので、花弁状の装飾が彫られている。杯部の径は推定33cm、ヤマグワの一木をくり抜いてつくられている。

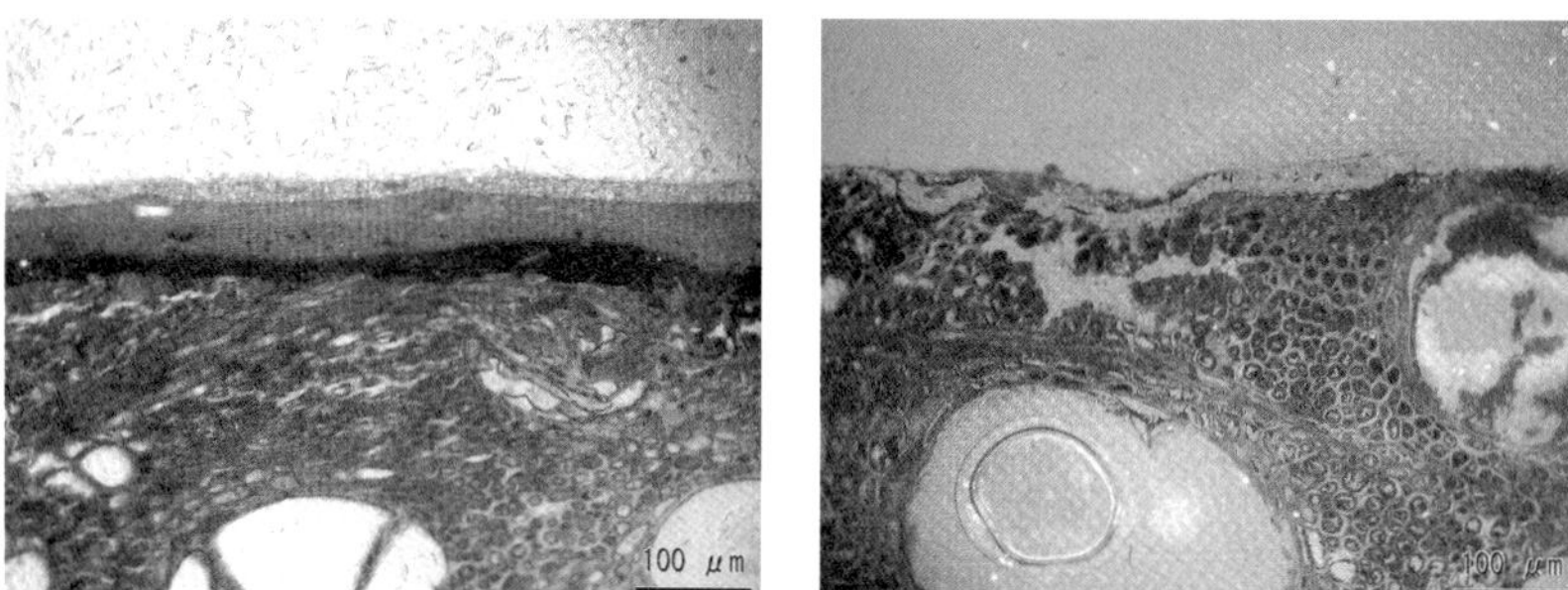

図53 ● 朱が塗られた木製品の断面写真
左：朱漆塗り（下方から木胎、黒漆、透き漆、朱漆）。
右：朱の直塗り（下方から木胎、朱）。

ニカワを使って紙に定着させている。漆塗りが顔料を含む塗膜で着色対象物をおおうのに対し、ニカワは顔料と着色対象物をじかに接着する点でまったく異なる技術である。花弁高杯の彩色方法とよく似ているではないか。

内面朱付着土器は赤色塗料をつくる土器だ

ニカワは「煮皮」と表記されるように、動物の骨や皮に含まれるタンパク質（コラーゲン）に熱を加えることで抽出されるゼラチンである。日本画では乾燥したニカワに水を加えて湯煎したニカワ水に顔料を溶いて塗料をつくり出す。もし、弥生土器を使って日本画のように塗料をつくれば、外面に煤が付着する内面朱付着土器が残されるのではないかと思いめぐらせた。

しかし、土器の表面に付着していた可能性のあるニカワはタンパク質のため、長い年月のあいだに土中の微生物によって分解されていることが予想され、いくら観察しても証拠をつかむことは困難に思えた。

そこで、東京大学総合研究博物館の宮田佳樹氏に自然科学からアプローチをお願いすることにした。宮田氏は縄文土器の胎土に染み込んだ脂質を分析して、土器で調理された食材を特定し、当時の食生活を復元する研究の第一人者である。この技術を内面朱付着土器の用途復元に応用できないか相談したところ、快く応じてくださった。

分析は矢野遺跡と徳島市の庄《しょう》・蔵本《くらもと》遺跡から出土した内面朱付着土器を用い、胎土から植物性と動物性の脂質が検出された。また、動物性脂質の測定値を現生動物と比較すると、陸獣

（非反芻動物）ないし海棲動物の可能性があることもわかった。自然科学分析の結果はニカワが使用されたという想定と矛盾するものではなかった。

こうした成果にもとづき、内面朱付着土器は朱とニカワ水を調合して赤色塗料をつくり出す際に使用された容器であったと考えるようになった。

名東遺跡の朱だまり遺構

徳島市の名東遺跡で内面朱付着土器を使用する状況がうかがえる興味深い遺構が確認されている。一九九二年におこなわれた記録保存調査で、直径七・四メートルの竪穴建物がみつかった（図54）。この建物では、東壁際の床面から二点の朱付着石杵が、さらに柱穴、土坑、建物埋土から複数の内面朱付着土器が出土している（図55）。

注目したいのは床面中央の長軸一・五メートル、短軸〇・九メートルの楕円形土坑である。土坑は中央を円形に掘り込み、最深部は床面から〇・五メートル深い。埋土に朱の混入がみられ、とくに円形掘り込みの最上部をおおう土層は炭化物と朱の互層であった。埋土や周辺に炭化物が認められることから薪で火を起こしていたとみられ、こ

図54 ● 名東遺跡でみつかった弥生時代中期後葉の竪穴建物
中央矢印部分が朱だまりをもつ土坑（P-21）。

こから出土した内面朱付着土器二点はいずれも被熱している。こうした状況からわたしは、この土坑で赤色塗料にかかわる作業がおこなわれたと考えている。

日本画で使用されるニカワ水が五〇～六〇度で湯煎されるように、赤色塗料の調合には加熱が欠かせない。また、ニカワにはひとたび固着しても水分と熱を加えることで再び液体に戻るという復元性がある。この土坑は内面朱付着土器に入れられた朱とニカワ水の調合や、冷えと乾燥で固着した赤色塗料を再び塗布可能な液体に戻すときに使用された地床炉と考えられよう。埋土に含まれる朱はこうした作業の際にこぼれ落ちて堆積したものと思われる。

朱が塗られた木製品

こうしてつくられた赤色塗料は何に使われたのだろうか。先に青谷上寺地遺跡の朱塗り木製品を紹介したが、徳島でもおもな用途は同じであったと考えている。庄・蔵本遺跡でみつかった弥生時代後期後半から終末期の自然流路では、埋積する土壌が湿潤な粘土質であったため、掘削具、農具、漁撈

図55●名東遺跡の竪穴建物から出土した朱関連遺物
奥の3点は把手がつく内面朱付着土器の破片。手前の2点は朱をすり潰した石杵。

具、容器、食事具、祭祀具、武具、建築部材といった木製品が腐食せずに残っていた。そのなかに朱塗りの楯や容器が含まれている（図56）。

ところで、弥生時代には縄文時代から受け継がれてきた漆による彩色方法があるにもかかわらず、なぜ二つの彩色方法が併存していたのか。漆塗りには塗膜で木胎をおおい、一度固まれば熱や水に強いという性質がある。熱々のお味噌汁を注いだ漆椀を思い浮かべてほしい。一方で、ニカワを用いた塗料は熱に弱いが、顔料と木胎をじかに接着するので木目を損なわずに着色できるという特性がある。

青谷上寺地遺跡出土の精製容器には、ヤマグワやケヤキといった美しい木目の樹種が意図的に選択されているという指摘もあり、わたしは弥生人が木製品の用途に応じて彩色方法を使い分けていたと考えている。そこには弥生時代の木工技術の高さと、モノづくりへの強いこだわりがみてとれる。

弥生時代の権

ここで弥生時代の考古資料「権《けん》」に注目してみたい。権と

図56 ● 庄・蔵本遺跡出土の朱塗り木製品
左の2点は楯の一部。右上は容器の脚部。右下は杵形木製品。出土する木製品のなかでも朱が塗られたものはわずかであることから、これらは特別な場で使用される貴重品であったと思われる。

は計量用のおもりのことで、棹秤権と天秤権の二種類がある。このうち天秤権は円筒形を基本形とし「弥生分銅」ともよばれている。弥生時代の天秤は竿の中央に支点があり、一方に権、もう一方に計量対象物を載せて左右が釣り合うことで質量を測定したと考えられている。

大阪府の亀井遺跡では、弥生時代中期後半から後期前半の土坑で一一点の天秤権が出土している。これらは一番軽い八・七グラムを最小質量として、二倍、四倍、八倍、一六倍、三二倍と、二の累乗倍の質量をもつ権が各々二点ずつセットになっていることが確かめられている。天秤権は北部九州から北陸地方で出土しており、基準質量は異なるものの、多くが二の累乗倍の質量系列をもつとされる。この土坑から朱の付着する石杵が出土しており、朱は計量対象物の候補にあげられている。

徳島県の弥生遺跡で権はまだ知られていないが、天秤権の可能性をもつ遺物が矢野遺跡で検出された。弥生時代後期後半から終末期の自然流路で出土している。**図57**は、両端に平坦な面をもつ円筒形の石製品である。これまで石杵として扱われてきたが、朱は付着していない。重さは八九一・三グラムで、他地域の基準質量にあてはまらない大型品だが、その形状は既知の天秤権とよく似ている。はたして天秤権なのか今後の調査研究に期待したい。

図57 ● 矢野遺跡出土の円筒形石製品
砂岩をていねいに磨いて円筒状に加工している。両端は自立するように平坦に整えている。

3　朱塗り工房の風景

ここまでの石器と土器の検討にもとづいて復元される、弥生時代の朱塗り工房をのぞいてみよう（図58）。

右手前の人物は、石杵と石臼を使って辰砂をすり潰し、顔料に適した粒度や色調の朱をつくり出している。右奥には天秤を扱う人物がいる。貴重な朱は厳密に測定され無駄のないように使用されたことだろう。中央奥の人物は木製品をつくっている。名東遺跡や矢野遺跡では、内面朱付着土器が出土する竪穴建物からヤリガンナが出土することもあり、木製品の生産と朱塗りが同じ建物内でおこなわれていた可能性がある。

中央の炉ではニカワ水と朱を入れた土器を温めて赤色塗料の調合がおこなわれている。壁際にはニカワの素材となる獣皮と鹿角がおかれている。できあがった赤色塗料は冷えて固まる前に小分けされ、さっそく使われたのであろう。左側では楯や容器といった木製品に塗料が塗られている。

このような朱塗り工房の風景はどこの集落でもみられるわけではなかった。再度、図49をご覧いただきたい。朱が付着する石器や土器が県内の広範囲に分布するのに対し、外面に煤が付着する内面朱付着土器は鮎喰川下流域にある矢野遺跡、名東遺跡、鮎喰遺跡、庄・蔵本遺跡、樋口《ついぐち》遺跡、石井城ノ内遺跡、また吉野川下流域の黒谷川郡頭《くろだにがわこうず》遺跡にかぎり出土している。なかでも鮎喰川下流域の矢野遺跡、名東遺跡、庄・蔵本遺跡は拠点集落とみなされる大型の集落である。どうやら赤色塗料は拠点集落やそれをとり巻く集落で使用されていたと見受けられる。

植地岳彦氏のまとめによると、矢野遺跡では弥生時代後期前半から終末期に位置づけられる六九軒の竪穴建物のうち一九軒もの建物で朱の付着した石器や土器が出土している。おそらく拠点集落では複数の成員が自村の消費量を超える朱塗り木製品を製作し、儀礼など特別な場で使用する貴重品として、周辺の集落に供給していたのではなかろうか。

若杉山辰砂採掘遺跡出土土器のおよそ六割を占める鮎喰川下流域産土器を残したのは、まぎれもなく拠点集落の集団にちがいない。弥生時代後半期の地域社会では、拠点集落を形成した集団が朱の生産やそれを用いた製品の流通において中枢的な役割を担っていたのである。

図58 ● 朱塗り工房の風景（画：小礒涼子）
名東遺跡や矢野遺跡では、複数の朱関連遺物が出土する竪穴建物がみられる。
こうした建物は住居ではなく、作業場として使われていた可能性がある。

第5章　若杉山辰砂採掘遺跡のこれから

調査の到達点と課題

採掘地点を特定し、採掘方法を明らかにするという調査当初からの目的は、発掘調査や出土品調査をへてひとまず達成され、若杉山辰砂採掘遺跡は二〇一九年一〇月一六日をもって国史跡に指定された。

指定された範囲は、採掘地点だけでなく、そこから発生したズリ場を含めた二万六〇一四平方メートルにのぼり、採掘にかかわる遺構が一体のものとして保存されることになった。

四カ年におよんだ調査の成果は、弥生時代史や郷土史に何をもたらすのであろうか。わたしが重要と考える到達点と今後の課題を三点あげておきたい。

一つ目は、熱水鉱脈を採掘する技術が弥生時代に備わっていたことを確認した点である。これまでにも特定の岩石を獲得していた弥生時代以前の生産遺跡は知られていた。たとえば、大阪府羽曳野市の株山《かぶやま》遺跡では、縄文時代から弥生時代に地中のサヌカイト岩脈層を目指して掘り進んだ採掘穴がみつかっている。採掘穴はいずれも竪坑で、大きさは直径〇・五メートルほどのものから幅一〇メートルに達するものまでさまざまだ。採掘穴から、製作途中の石器や剥片、各種石器の完成品が出土していることから、その場で石器の製作もおこなっていたと考えられている。

また弥生時代前期末から中期の磨製石斧製作跡として知られる福岡県福岡市の今山遺跡では、玄武岩露頭の転石、もしくは切り出した割石から遺跡内で石斧がつくられていた。これら二つの生産遺跡は、石器の素材に適した岩脈や岩石の露頭をねらった掘削や切り出しをおこない、獲得後はそのまま製品に加工される点で共通している。

一方で、若杉山辰砂採掘遺跡は、岩盤に貫入した熱水鉱脈を掘り進む点は似ているが、そこから不要な母岩や鉱物をとり除く選鉱がおこなわれる点で、これまで知られていた生産遺跡とは一線を画する。そうすると、いっそのこと「鉱山」とよんでもかまわないのではないかという見方もあるかもしれない。

だが、後世の鉱山遺跡とくらべてちがいは少なくない。奈良時代の銅鉱山で知られる山口県美祢《みね》市の長登《ながのぼり》銅山跡では、採鉱跡から離れた丘陵斜面に選鉱作業場を設け、作業場には水簸用とみられる水貯め土坑まで備わっている。採掘地点のかたわらで選鉱がおこなわれる弥生時代の辰砂採掘遺跡とはずいぶん異なっている。

また長登銅山跡では、出土木簡によって坑内で作業に従事する「穴作、穴師」、駄馬を使って輸送労働を担う「銅駄事」といった職掌があったこともうかがえ、作業工程を分割し、複数の人員が役割を分担していたようだ。

このように、弥生時代の辰砂採掘遺跡の内容は、これまでに知られていた弥生時代以前の岩石を獲得する生産遺跡とは必要とされる技術が異なり、また律令時代以降の分業の進んだ鉱山遺跡ともちがいがある。今後、時代や地域を超えた比較研究によって、地下資源獲得の歴史における若杉山辰砂採掘遺跡の学術的価値はいっそう高まるだろう。

二つ目は、辰砂の採掘が地域社会をあげておこなわれる組織的なとり組みであったことが明らかになってきた点である。採掘にもっとも関与したのは鮎喰川下流域に拠点集落を構える集団と考えられた。拠点集落と採掘場の直線距離はおよそ二〇キロあり、日常的な往来はむずかしいことから、母村を離れ辰砂採掘に従事する人員が存在したことを想像させる。

しかし、そうした人びとの採掘へのかかわり方はまだ不明な部分が多い。たとえば、年間をとおして採掘に従事する専業化したものなのか、それとも農閑期など生業の合間に訪れる定時的なものなのか。もし専業的に携わる人びとがいたならば、彼らはどのように組織されていたのか。これらを解明することは、弥生時代の社会構造の復元にもつながるだろう。

また、出土品から他地域の集団が採掘にかかわっていると考えられたことも重要である。とくに讃岐産土器の比率が集落遺跡にくらべて高いことや、香川県東部で採取される玢岩が採掘道具に使われていることから、香川県域の集団が採掘に関与したことはもはや疑いない。少数であるが山陰系と畿内系の土器が含まれていることも見のがせない。

各地の集団は相互にどのような関係を築いていたのだろうか。鮎喰川下流域の集団が採掘をとり仕切っていたのか。もしくは、各々の集団が自由に出入りしていたのか。あるいは複数の集団が協調して採掘していたのか。興味深いもののまだ明らかにされていない。今後は、搬入元が判明する石器や土器の出土地点を意識した調査が必要である。

三つ目は、朱の生産と消費の一端が明らかになったことで新たな研究視点が拓ける点だ。その一つが流通にかかわる研究である。本書で紹介した自然科学分析や水銀鉱床周辺に分布する銅鐸製作地の検討によると、徳島産の朱は瀬戸内東部にも流通していた可能性が高い。貨幣経済をもたない弥生時代は、みずから生産できないモノは交換によって入手したと思われる。産地が限定される朱の流通の実態を明らかにすることは、地域間交流の復元につながるだろう。そこには、特産品を活かし、弥生社会のなかで存在感を放つ人びとの

図59 ● 重要文化財に指定される出土品
指定名称は「徳島県若杉山辰砂採掘遺跡出土石器」となった。

姿が見えるようだ。地域の特色が見直される現代社会において、彼らの生き方は参考になるところが多いように思える。

重要文化財指定と保存・活用のとり組み

国史跡指定から三年がたった二〇二三年、若杉山辰砂採掘遺跡の出土品は重要文化財に指定されることになった。指定されるのは、徳島県が所蔵する石杵九六点、石臼二八点の計一二四点で、これに石杵剝片、土器、辰砂原石、石製勾玉が附《つけたり》指定される。指定品は採掘の実態を出土品をとおして伝えることができるように選択されている（図59）。

若杉山辰砂採掘遺跡の調査は大きな反響をよんだ。調査開始時から毎年おこなった講演会や展示会には、辰砂採掘遺跡を知りたいと県内外から大勢の方が阿南を訪れた。遺跡の稀有な性格から、調査では参考とする遺跡が少なく苦労することもあったが、裏を返せばオリジナルの魅力であることに気づかされた。国史跡と重要文化財に指定されたことで、今後さらに注目されるだろう。

二〇二二年には、阿南市が遺跡を将来に残しながら地域資源として活用するための基本方針となる「史跡若杉山辰砂採掘遺跡保存活用計画」を策定し、長期的な保存・活用にむけたとり組みが開始されている。また、さらなる調査研究にも期待が寄せられている。これまでに発掘調査が実施されたのは史跡全体の一パーセントにすぎない。地中にはまだまだ予期せぬ発見が残されていて、わたしたちを驚かせてくれることだろう。

参考文献

阿南市　二〇〇七『阿南市史』四（現代　阿南の出発と発展）
阿南市　二〇一九『若杉山遺跡発掘調査報告書』
池田善文　二〇一五『日本の遺跡四九　長登銅山跡』同成社
石田啓祐ほか　二〇一五「徳島県阿南市産大理石の歴史的重要建造物における使用例」『阿波学会紀要』六〇　徳島県立図書館
石原道博編訳　一九五一『新訂　魏志倭人伝・後漢書倭伝・宋書倭国伝・隋書倭国伝』中国正史日本伝（一）　岩波書店
市毛　勲　一九九八『新版　朱の考古学』雄山閣
魚島純一　一九九七「徳島県から出土した赤彩銅鐸」『徳島県立博物館研究報告』七　徳島県立博物館
大久保徹也　一九九五「第五章第八節　上天神遺跡出土赤色顔料付着資料について」『上天神遺跡』財団法人香川県埋蔵文化財センター
金原正明　二〇一三「纒向遺跡の植物遺体群集の産状と植生、環境、生業の変遷と画期」『纒向学研究』一　桜井市纒向学研究センター
岸本文男　一九六二「四国地方における水銀鉱床」『地質調査月報』一三―四　工業技術院地質調査所
公益財団法人徳島県埋蔵文化財センター　二〇一六『深瀬遺跡』
近藤義郎編　一九九二『楯築弥生墳丘墓の研究』楯築刊行会
財団法人徳島県埋蔵文化財センター　一九九五『名東遺跡』
財団法人徳島県埋蔵文化財センター　二〇〇二『矢野遺跡（Ⅰ）』
財団法人徳島県埋蔵文化財センター　二〇一〇『延命遺跡』
島根大学考古学研究室・出雲弥生の森博物館　二〇一五『西谷三号墓発掘調査報告書』
菅原康夫　二〇一九「阿波・勢合銅鐸とその周辺」『古墳と国家形成期の諸問題』山川出版社
徳島県　二〇二一『赤色顔料生産遺跡及び関連遺跡の調査』若杉山辰砂採掘遺跡　出土品編
徳島県教育委員会　二〇一六『赤色顔料生産遺跡及び関連遺跡の調査』採掘遺跡　石器編
徳島県教育委員会　二〇一七『赤色顔料生産遺跡及び関連遺跡の調査』採掘遺跡　土器編

徳島県教育委員会　二〇一九『赤色顔料生産遺跡及び関連遺跡の調査』若杉山遺跡　発掘調査編
徳島県教育委員会・国立大学法人徳島大学埋蔵文化財調査室　二〇〇八『庄（庄・蔵本）遺跡』
徳島県立博物館　一九九七『辰砂生産遺跡の調査―徳島県阿南市若杉山遺跡―』
鳥取県埋蔵文化財センター　二〇〇五『青谷上寺地遺跡出土品調査研究報告一』木製容器・かご
鳥取県埋蔵文化財センター　二〇〇七『笠見第三遺跡Ⅱ』
西本和哉　二〇一九「弥生時代における辰砂すり潰し行為の復元的研究」『古代文化』七一―一　公益財団法人古代学協会
羽曳野市教育委員会　一九九九『株山遺跡発掘調査報告書』
林昇一郎　一九五六「徳島縣由岐水銀鉱山水銀鉱床調査報告」『地質調査月報』七―六　工業技術院地質調査所
福岡市教育委員会　一九九七『比恵遺跡群（二四）』
福岡市教育委員会　二〇〇八『那珂四九　―那珂遺跡群第一一三次調査報告―』
福岡市教育委員会　二〇一五『今山遺跡第六次調査』
北條芳隆　一九九八「若杉山遺跡における辰砂の採掘」『川と人間―吉野川流域史―』溪水社
本田光子　一九八八「弥生時代の墳墓出土赤色顔料」『九州考古学』六二　九州考古学会
本田光子・成瀬正和　一九九四「辻垣長通遺跡出土の土器に付着している赤色顔料について」『辻垣畠田・長通遺跡』福岡県教育委員会
松田壽男　一九七〇『丹生の研究』早稲田大学出版部
南　武志・高橋和也　二〇二二「旧練兵場遺跡他出土赤色顔料（朱）の硫黄同位体比分析」『旧練兵場遺跡（第二六次調査）』香川県教育委員会
森本　晋　二〇一二「弥生時代の分銅」『考古学研究』五九―三　考古学研究会

＊本書の成果は、文化庁、阿南市、若杉山遺跡調査検討委員会の委員である高島芳弘氏、石田啓祐氏、大久保徹也氏ほか、安間了氏、植地岳彦氏、岡本治代氏、岡山真知子氏、禰宜田佳男氏、早渕隆人氏、本田光子氏、宮田佳樹氏をはじめとする方々のご教授やご協力によるところが多い。また、調査担当者として共に現地調査に取り組んできた向井公紀氏から、数多くのご助言と、ご支援をいただきました。ここに記して感謝申し上げます。

若杉山辰砂採掘遺跡

・徳島県阿南市水井町奥田
・交通　徳島バス加茂谷線「加茂谷」から約5・6キロ（徒歩およそ1時間半）。途中の水井橋からは軽い上り坂をおよそ1キロ。

遍路道沿いに説明板がある。遺跡の見学は阿南市が不定期に開催している現地説明会に参加するとよい。

遍路道沿いにある説明板

徳島県立博物館

・徳島市八万町向寺山
・電話　０８８（６６８）３６３６
・開館時間　９：30～17：00
・休館日　月曜（祝休日の場合は開館、翌火曜休館）、年末年始
・入館料　一般４００円、大学高校生２００円、小中学生１００円
・交通　ＪＲ牟岐線「文化の森駅」から約1・9キロ（徒歩およそ35分）、ＪＲ徳島駅から徳島バス「文化の森」行き直行バスでおよそ20分

文化の森総合公園にある総合博物館。常設展示で重要文化財に指定された出土品を見学できる。また辰砂採掘の様子を動画で紹介している。

徳島県立埋蔵文化財総合センター「レキシルとくしま」

・板野町犬伏字平山86番2
・電話　０８８（６７２）４５４５
・開館時間　９：30～17：00
・休館日　月曜（祝休日の場合は開館、翌平日休館）、年末年始
・入館料　無料
・交通　ＪＲ高徳線「板野駅」から約１・８キロ（徒歩およそ25分）

徳島県がおこなってきた発掘調査の出土品を保管している。一部を常設展示するほか、定期的に企画展が開催されている。朱の展示コーナーでは集落遺跡で出土した朱のついた石器や土器を見学できる。

徳島県立埋蔵文化財総合センター

遺跡には感動がある

――シリーズ「遺跡を学ぶ」刊行にあたって――

「遺跡には感動がある」。これが本企画のキーワードです。

あらためていうまでもなく、専門の研究者にとっては遺跡の発掘こそ考古学の基礎をなす基本的な手段です。また、はじめて考古学を学ぶ若い学生や一般の人びとにとって「遺跡は教室」です。

日本考古学では、もうかなり長期間にわたって、発掘・発見ブームが続いています。そして、毎年厖大な数の発掘調査報告書が、主として開発のための事前発掘を担当する埋蔵文化財行政機関や地方自治体などによって刊行されています。そこには専門研究者でさえ完全には把握できないほどの情報や記録が満ちあふれています。しかし、その遺跡の発掘によってどんな学問的成果が得られたのか、その遺跡やそこから出た文化財が古い時代の歴史を知るためにいかなる意義をもつのかなどといった点を、莫大な記述・記録の中から読みとることははなはだ困難です。ましてや、考古学に関心をもつ一般の社会人にとっては、刊行部数が少なく、数があっても高価なその報告書を手にすることすら、ほとんど困難といってよい状況です。

いま日本考古学は過多ともいえる資料と情報量の中で、考古学とはどんな学問か、また遺跡の発掘から何を求め、何を明らかにすべきかといった「哲学」と「指針」が必要な時期にいたっていると認識します。

本企画は「遺跡には感動がある」をキーワードとして、発掘の原点から考古学の本質を問い続ける試みとして、日本考古学が存続する限り、永く継続すべき企画と決意しています。いまや、考古学にすべての人びとの感動を引きつけることが、日本考古学の存立基盤を固めるために、欠かせない努力目標の一つです。必ずや研究者のみならず、多くの市民の共感をいただけるものと信じて疑いません。

二〇〇四年一月

戸沢充則

著者紹介

西本和哉（にしもと・かずや）

1982年、兵庫県姫路市生まれ。

奈良大学文化財史料学博士後期課程単位取得退学。

2009年、徳島県教育委員会入庁。現在、公益財団法人徳島県埋蔵文化財センター主任研究員。

主な著作 「弥生時代における赤色顔料の生産と流通」『徳島発展の歴史的基盤―「地力」と地域社会―』（雄山閣、2018年）、「伊都国にみる水銀朱の入手と使用」『古墳と国家形成期の諸問題』（白石太一郎先生傘寿記念論文集編集委員会、山川出版社、2019年）、「弥生時代の赤色塗料調合具」『古代文化』73-3（公益財団法人古代学協会、2021年）、「弥生・古墳時代の墳墓に持ち込まれた朱の生産具」『考古学研究』69-3（考古学研究会、2022年）ほか。

写真提供（所蔵）
鳥取県埋蔵文化財センター：図1／徳島県立博物館：図2・20・59／九州歴史資料館（国〔文化庁〕所蔵、筒形器台は福岡県立朝倉高等学校所蔵）：図3／あいち朝日遺跡ミュージアム：図4／島根大学考古学研究室：図5／岡山大学考古学研究室：図6／国立公文書館デジタルアーカイブ：図7／福岡市埋蔵文化財センター：図8／国土地理院：図10・11／松浦康雄氏：図16／徳島県文化資源活用課：図17・21・22・23・24・27・28・29・30・32・37・41・42・46／産業技術総合研究所：図18／阿南市：図36・38・39／徳島県立埋蔵文化財総合センター：図47・48・51・54・55・56・57／鳥取県とっとり弥生の王国推進課：図52・53

図版出典（一部改変）
徳島県 1979『土地分類基本調査5万分の1』表層地質図「阿波富岡」をもとに作成：図15／徳島県文化資源活用課：図19・25・33・34・35・40・43・44／小礒涼子画：図45・58

上記以外は著者

シリーズ「遺跡を学ぶ」162
朱《しゅ》に魅《み》せられた弥生人　若杉山辰砂採掘遺跡《わかすぎやましんしゃさいくついせき》

2023年 4月 10日　第1版第1刷発行

著　者＝西本和哉

発　行＝新 泉 社

東京都文京区湯島1－2－5　聖堂前ビル
TEL 03（5296）9620 ／ FAX 03（5296）9621
印刷／三秀舎　製本／榎本製本

ISBN978－4－7877－2332－1　C1021

125
徳島の土製仮面と巨大銅鐸のムラ　矢野遺跡
氏家敏之　1600円+税

「四国三郎」の異称で古くから親しまれている大河・吉野川が流れる徳島平野の一角に、なんともユーモラスな表情をした土製仮面と発掘調査で出土したものとしては最大の巨大銅鐸が出土した集落遺跡がある。いったいここにどのようなムラと人びとの営みがあったのだろうか。

139
ドイツ兵捕虜の足跡　板東俘虜収容所
森　清治　1600円+税

第一次世界大戦時のドイツ兵捕虜を収容した鳴門市の板東俘虜収容所。そこでは捕虜たちが印刷所や菓子店を開き、コンサートやスポーツ活動をおこない、製パン技術や楽器演奏法が地元住民に伝授された。戦時下でありながら、互いを認めあい生まれた豊かな文化の姿を追う。

034
吉備の弥生大首長墓　楯築弥生墳丘墓
福本　明　1500円+税

日本列島の古代史に独特の光を放つ吉備。その中心地帯を望む小高い丘に、他の追随を許さない規模の弥生首長墓がある。遺構のくわしい調査と弧帯文石（こたいもんせき）などの特異な遺物を検討することにより、弥生の葬送祭祀と前方後円墳出現への道筋をさぐる。

088
東西弥生文化の結節点　朝日遺跡
原田　幹　1500円+税

本州中央に位置する濃尾平野。西日本弥生文化の東端の地に誕生した朝日集落は、やがて西と東の弥生文化をつなぐ結節点へと発展していった。環濠や逆茂木（さかもぎ）などの強固な防御施設を築き、生産と交易の拠点となった巨大集落の実像を解き明かす。

123
出雲王と四隅突出型墳丘墓　西谷墳墓群
渡辺貞幸　1600円+税

出雲平野と斐伊川の流れを見下ろす眺望のよい西谷丘陵に、長方形の台状墳丘に四隅が突き出した突出部をもつ巨大な墳墓がつくられた。弥生時代後期に出現したこの「出雲王」の墳墓でとりおこなわれた墓上祭儀を明らかにし、古代出雲世界を追究する。